SORTIR
D'UN RÊVE,

PAR

EUGÈNE DE MIRECOURT.

1

PARIS.
BAUDRY, LIBRAIRE-ÉDITEUR,
27, RUE COQUILLIÈRE.
1839.

SORTIR D'UN RÊVE.

INTRODUCTION.

Ce livre est mon premier ouvrage, et, comme je suis encore à cette époque de la vie où le cœur et l'imagination parlent souvent plus haut que le jugement ou la froide raison, j'ai pu donner dans certains écarts que je ne cher-

cherai pas à justifier, vu que je les ignore moi-même.

Mais ce roman peut tomber entre les mains d'un de ces hommes graves et réfléchis, dont les pensées sont toujours saines, les raisonnements logiques, qui possèdent à fond le talent merveilleux de régler les élans de leur sensibilité comme un horloger règle les mouvements d'une montre: il pourra m'indiquer, à point nommé, les endroits où j'ai failli, après avoir disséqué mes pages et laissé mes erreurs à nu.

Je compte sur les conseils de cet aristarque, avant de tracer le plan d'un autre ouvrage dans lequel je pourrais me livrer aux mêmes écarts; et, ces conseils, j'espère que sa bienveillance ne me les fera pas attendre.

INTRODUCTION.

Sortir d'un Rêve, voilà le titre du roman que je livre à la publicité. Peu importe à mes lecteurs que les faits dont ils vont prendre connaissance soient vrais ou faux. Si j'ai tiré ces faits de mes souvenirs, j'ai dû nécessairement fuir les personnalités, et déguiser le nom des véritables acteurs, dont beaucoup existeraient encore; si, au contraire, j'ai tout puisé dans mon imagination, c'est une raison de plus pour me pardonner la médiocrité de mon livre.

Il m'est indifférent, dans le premier cas, que les vrais personnages se reconnaissent aux couleurs sombres ou riantes dont je me suis servi pour les dépeindre, et je méprise toutes les récriminations qu'ils pourraient adresser injustement à ma véracité d'historien.

Dans le second cas, il me suffit d'être lu... Je ne suis pas ambitieux.

Préconiser le suicide, dans un siècle où il est presque une épidémie, serait un crime de lèse-majesté sociale. Je n'engagerai jamais les hommes à mépriser la vie, à s'en débarrasser, comme d'un vieux manteau, quand l'ennui les prend au cœur, ou sous le prétexte d'une infortune d'un jour.

Mais si je rencontrais un être écrasé par la fatalité, que de malheureuses circonstances ont entraîné plutôt qu'une dépravation réfléchie, je le plaindrais de vouloir sortir de la vie avant l'heure fixée par le ciel; mais je ne le blâmerais pas, à moins qu'il n'eût été en mon pouvoir de lui rendre l'espérance, la paix du cœur, ses illusions flétries...

Je le plaindrais, dis-je, et ne le blâmerais pas...

Car il est des désespoirs contre lesquels il n'y a pas de remède des remords si déchirants que la tombe seule peut les éteindre, des peines si cruelles qu'il faudrait une intervention céleste pour les adoucir !

Cette victime du malheur oublie que Dieu lui a défendu de déserter le poste où sa providence l'a placée ; que Dieu seul peut mettre un terme à ses souffrances en brisant la lourde chaîne qui retient son âme captive dans une enveloppe de boue. Elle oublie tout cela devant les sophismes du désespoir... Que Dieu lui pardonne !

Mon héros est un jeune homme de province,

qui vient, comme tant d'autres, dans la Babylone moderne, s'exposer au contact d'une société pervertie, acquérir cette fatale expérience des hommes et des choses, que jeunes et vieux ne tardent pas à posséder; tant notre siècle a d'empressement à se montrer ce qu'il est. Ce jeune homme repousse avec horreur la corruption dégradante, le cynisme éhonté proclamant, sans rougir, ses avilissants principes; mais il succombe devant une corruption plus adroite, la corruption dorée, éblouissante des salons... De là découlent tous ses malheurs.

Il est nécessaire de montrer l'immoralité sous son hideux aspect, pour mieux la flétrir ; j'ai donc fait parler mes personnages d'après le caractère que je leur attribue. Nous ne vivons plus dans un temps où l'on affiche une susceptibilité déplacée pour un mot, pour une phrase, quand le corps entier d'un ouvrage dénote un but moral.

Je dépeins les mœurs comme elles me sont apparues jusqu'à ce jour, la douleur comme je l'ai connue, l'amour comme je l'ai senti. Je ne prends point de détour pour jeter au front du siècle une vérité dure, pour dévoiler un abus, dénoncer une corruption. C'est au lecteur à juger, d'après cela, s'il veut parcourir, ou non, ces deux volumes.

Eugène de Mirecourt.

SORTIR D'UN RÊVE.

I

Cherbourg.

Il est certaine contrée que la nature, selon nous, favorisa bien à contre-sens, en lui donnant une poésie si peu comprise par le caractère trivial et mercantile de ses habitants. Du reste, ce n'est pas le premier reproche de ce genre que nous adressons à la nature. Dieu sait combien elle a fait preuve de bon goût en donnant aux sauvages de l'Amérique la portion la plus enchantée du globe. Si elle avait pris la peine de nous consulter, nous n'aurions pas été plus d'avis d'accorder aux Normands les campagnes fleuries et les beaux sites de leur pays, que les nuages d'or, les forêts vierges, les savanes et la verdure éternelle aux sauvages. Toutefois, en posant en fait que l'esprit normand est le résumé de ce qu'il y a dans les intelligences de plus anti-poétique, rappelons bien vite, pour ne choquer aucune susceptibilité, qu'il n'y a pas de règle sans exception, et que l'on rencontre des oasis au désert.

Tous les romanciers ont exploité à l'envi le nord de la France. Après eux, nous allons y conduire nos lecteurs, et leur faire connaître ce port, aujourd'hui célèbre par le désastre des rois, et d'où naguère ils ont salué si tristement, et pour la dernière fois peut-être, le beau pays de France.

Cherbourg possède aussi son recueil d'illustrations et de souvenirs. Autrefois il était appelé *la clef de la Normandie*, et, semblable à un dogue fidèle, qui découvre à l'approche d'un voleur sa double rangée de dents aiguës, on le voyait montrer ses tours crénelées et ses massifs remparts aux vaisseaux anglais qui cinglaient trop avant dans la rade. Au quinzième siècle, Jean d'Agennes, qui défendait la ville, eut la gloire d'arrêter devant ses murs Henri d'Angleterre, surnommé le Conquérant, lorsque ce prince ambitieux, profitant du désordre occasionné par la folie de Charles VI et les crimes d'une reine adultère, vint s'emparer de nos plus belles provinces, et couper la tête à un royaume déjà piqué au cœur.

Aujourd'hui que la main du temps a balayé de l'ancien Cherbourg jusqu'à la dernière trace, nous entrons dans une de ces villes de fraîche date, fabriquée tout entière d'après la mesquine et pauvre architecture du dix-neuvième siècle.

Cependant la plupart des maisons, bâties en pierre grisâtre du pays, voudraient usurper un vernis d'antiquité que dément aussitôt leur genre de construction. Nous conseillons aux propriétaires de faire disparaître, sous une couche de plâtre, cette couleur assombrie, qui ne va pas mieux à leurs gâteaux modernes que des cheveux gris à la tête d'un enfant.

Cherbourg n'offre de curieux qu'un port militaire reconstruit et fortifié par Bonaparte. On y voit les squelettes d'énormes vaisseaux que le gouvernement actuel laisse pourrir sur le chantier. Quant au port de commerce, où stationnent quelques bateaux destinés tout au plus à faire le voyage du Hâvre, il n'a rien que de fort ordinaire. C'est là que s'agite l'armateur cherbourgeois, lorsqu'il préside au chargement de ce qu'il appelle ses navires. A le voir, enveloppé comme une momie vivante dans son manteau de toile cirée, frapper du pied sur le pont, et donner impétueusement ses ordres aux matelots, on le prendrait pour un corsaire timide, qui, après avoir détroussé les habitants d'une côte, se hâte d'entasser sa capture à fond de cale, et de gagner le large pour éviter la potence.

Les environs de Cherbourg sont assez gracieux et pourraient même viser au pittoresque. Mais comme le Bas-Normand, soit par méfiance ou par goût, entoure ses propriétés de hautes murailles, de manière à borner son horizon comme son esprit, il faut, pour jouir du point de vue, se transporter sur les éminences voisines ou sur la montagne du *Roule*, masse énorme de rochers qui domine le port. On découvre de là les forts de granit construits dans la rade, et la mer qui, lorsqu'elle est calme, est sillonnée par un nombre infini de bateaux pêcheurs. Dans les tempêtes, on la voit jeter l'écume de ses flots jusque dans la place d'armes, et frapper les murs de l'église placée sur le rivage comme un phare de salut.

S'il faut déterminer à présent le degré de civilisation, nous dirons que Cherbourg se trouve sur la même ligne que le plus grand nombre des petites villes de province. On sait qu'elles adoptent généralement ce qu'il y a de plat et de grotesque dans la civilisation actuelle, en laissant de côté tout ce qu'elle a de noblesse et de coquetterie. Le Cherbourgeois a, par son commerce, des relations fort étendues. Il fait souvent le voyage de Paris, et se livre même aux plaisirs de la capitale, lorsque ses affaires lui laissent un moment de liberté.

Nous nous souvenons d'avoir rencontré un de ces Normands au bal de l'Opéra. Il avait donné ses dix francs au bureau, et cela suffisait pour qu'il ne se crût pas déplacé le moins du monde, avec ses souliers poudreux, sa coiffure à larges bords et son habit façonné à la mode provinciale, au milieu d'un essaim de femmes brillantes et de fashionables musqués..... Il nous a fait l'effet d'un hibou entouré d'une troupe d'hirondelles.

De retour chez lui, le Cherbourgeois affecte

une allure parisienne; il donne des soirées où l'on boit du cidre et où l'on danse *la Boulangère*, des festins où il admet parfois le précepteur de ses enfants, qui doit manger de *tout*, pour le bon exemple des marmots. On le traite immédiatement d'*homme sans éducation*, s'il refuse des huîtres ou des crevettes.

En province, il est toujours une classe privilégiée qui a le droit de marcher en rue, la tête haute, sans rendre le salut aux manants. On voit se dessiner à Cherbourg, plus encore que partout ailleurs, cette espèce d'aristocratie. Elle a sa tribune séparée à l'église, en attendant qu'elle puisse avoir sa loge grillée au théâtre. Car Cherbourg n'a pas encore de salle de spectacle, bien que le conseil municipal ait, depuis long-temps, manifesté l'intention de consacrer à cet usage le dessus de la *Halle au Blé*. En revanche, nos aristocrates ont la première place sous une tente tricolore, lorsqu'on lance une frégate à la mer; ils se réunissent dans un *cercle* ou *Casino*, pour lire *le Constitutionnel* et faire la *poule*, leur dignité ne pouvant se compromettre au milieu des nuages tabagiques de l'estaminet du port, sans manquer aux premières règles de la décence.

Or au mois d'août 1829, à dix heures et demie du soir, les fondements du *Casino* ne sont pas encore posés, car voici venir deux notables et haut-hupés qui sortent à l'instant du café de Paris, savoir : maître Évrard, autrefois notaire royal à Cherbourg, actuellement fournisseur des vivres de la marine, et M. Berthier, ancien armateur du Hâvre, qui un beau jour, s'étant vu possesseur de vingt mille livres de rente, ne jugea plus à propos d'exposer sa fortune aux caprices d'un coup de vent, et se retira, avec Maria, sa fille unique, au lieu de sa naissance. Ces deux messieurs ont besoin sans doute de dissiper les fumées du punch qui séjournent dans leur cerveau, car, pour rentrer à leur domicile, ils prennent le chemin des écoliers, se prêtant un mutuel soutien, et causant avec assez peu de discrétion pour mettre de moitié dans leur confidence les quelques passants qu'ils heurtent, et faire aboyer, sur leur passage, tous les chiens d'alentour.

— Ah! ça, maître Evrard, serez-vous assez habile pour vous glisser près de votre femme sans la réveiller?.... sinon, vous aurez du tapage.

— L'ami Berthier, je vous ai déjà prié de ne plus revenir sur ce terrain-là : nous n'y sommes pas à armes égales, et vous me donnez une idée désavantageuse de votre générosité. Ah! si lorsque vous rentrez à une heure indue, vous aviez une femme qui pût vous cracher quelques injures au visage, comme pilier de café! sac à bierre! et autres gentillesses, je pourrais vous relancer la balle..... Mais quel plaisir trouvez-vous à vous mesurer avec un adversaire toujours battu?

— Diable! si vous me prenez sur le point

d'honneur, je demande merci. En effet, j'ai tort de vous taquiner sur les boutades de votre femme, puisque c'est moi, la plupart du temps, qui vous attire des scènes.....

— Aujourd'hui, par exemple, vous êtes venu me débaucher à mon bureau; et vous avez si bien amalgamé mes dossiers et quittances, que le désespoir d'y voir clair de plus de huit jours m'a décidé à vous suivre.

— Vous en repentez-vous?

— Ma foi, le punch était délicieux!.... Et puis nous avons causé du mariage en question.

— A propos de mariage, j'allais vous faire une confidence lorsqu'on a commencé la *poule*... On m'a demandé la main de ma fille.

— Et..... vous l'avez refusée?

— Bien entendu.... Un jeune fou, le fils de

madame Daniel, ma voisine, s'est amouraché de Maria..... Elle aussi en tient un peu, je crois; mais je viens d'y mettre bon ordre en lui défendant d'aller chez madame Daniel.

En ce moment, nos interlocuteurs, après avoir longé le bassin du port et traversé la rue *Corne de Cerf*, venaient de tourner à droite dans celle du *Chantier*. Ils ne virent pas deux ombres qui s'effaçaient dans l'encognure d'une porte cochère, et que leur approche avait fait tressaillir.

— Il ne s'adressait pas mal, hein, le gaillard?

— Attendez, fit l'ancien notaire en se frappant le front comme un homme dont les idées s'éclaircissent.... C'est cela.... Un coup de désespoir!

— Qu'y a-t-il?

— Il y a que ce jeune homme est venu me prier, ce matin, de lui donner l'adresse de Frédéric, dont il est l'ami de collége..... Il part pour Paris.

— Bah!... En êtes-vous sûr?

— Je le tiens de sa bouche.

— Convenez, maître Evrard, que je suis un heureux mortel! J'aurais été obligé de surveiller ma fille, et, par conséquent, de me gêner dans mes petites habitudes.... Savez-vous que le départ de cet étourdi m'arrange à merveille?

— Oui... Mais si la petite en est amoureuse?

— Brrrrr!..... Caprice d'une heure! Tranquillisez-vous; votre Frédéric, pendant ses vacances, est assez adroit pour faire oublier l'autre.

— C'est juste... Me voici chez moi, bonsoir, M. Berthier.

— Préparez-vous à l'assaut....

— Oh! l'ennemi dort....

— Allons, bonsoir.

Et l'ex-armateur gagna la place d'armes, par une rue latérale, alluma tranquillement sa pipe et se promena jusqu'à minuit.

II

La Veille du Départ.

Les deux ombres, que nous avons laissées dans la rue du *Chantier*, reprirent silencieusement leur chemin. Après quelques minutes de marche, elles s'arrêtèrent en face d'une maison de modeste apparence. Une jeune fille vint leur ouvrir, et la porte se referma sur trois personnes qui entrèrent et s'assirent, chacune de leur côté, dans une espèce de salle basse, où il n'y avait d'autre clarté qu'un rayon mélancolique de la lune, qui éclairait la tristesse sur leur front et des larmes dans leurs yeux. Pas un mot n'était prononcé.... On n'entendait que le bruit monotone d'une pendule, ce battement régulier qui retentit à l'oreille comme une voix du tombeau, vous force à assister à l'agonie de chacun de vos instants, et semble vous dire, à chaque heure, à chaque minute, à chaque seconde, qu'une goutte de votre vie vient de tomber dans l'abîme du temps, une de vos illusions disparaître, une de vos joies mourir!.... La voix qui la première rompit ce silence était tremblante d'émotion.

— C'en est donc fait, tu nous quittes, Alfred?

— Il le faut, ma mère....

— Mon ami, qu'il y a d'amertume dans cette

parole.... Il le faut? Mais tu viens d'entendre le général désapprouver, comme moi, ton projet. C'était l'ami de ton père, Alfred, est-ce que sa voix et la mienne ne te disent rien au cœur?... Ici, mon fils, il eût veillé sur toi comme une providence. Si tu t'éloignes, il ne pourra te procurer que des protecteurs étrangers, sans bienveillance pour toi, sans la moindre sympathie avec ta famille. Reste près de ta mère, Alfred!... Ton amour amasse aujourd'hui devant tes yeux un nuage bien sombre; mais il se dissipera, ce nuage, et le ciel deviendra beau.

Le jeune homme secoua tristement la tête.

— Oh! non, dit-il, jamais!

Puis, sortant tout à coup de son abattement...

— Je pars, s'écria-t-il, parce que si je reste, il me faudra vivre ici, pauvre, obscur, méprisé!...

Je la verrai passer dans les bras d'un autre, qui viendra verser à ses pieds des trésors sans amour, et celui qui m'enlèverait Maria!... Vous voyez bien qu'il faut que je parte, ma mère, je le tuerais!

Devant cette énergie du désespoir, les deux femmes ne trouvèrent plus une parole et pleurèrent amèrement.

— Je vous en prie, continua le jeune homme, ne combattez plus ma résolution; elle est irrévocable comme un arrêt du ciel, et c'est au point que rien ne m'arrêterait, pas même la menace d'une malédiction... Oh! vous ne me maudirez pas, n'est-ce pas, ma mère! Vous aurez pitié de moi, car la malédiction d'une mère, ce serait affreux! Je ne verrais plus dans l'avenir que des malheurs.

— Je te bénis, mon fils.

Alfred et Léonie tombèrent dans ses bras.

— Et je prierai pour toi, continua en sanglotant la pauvre femme. — Va, mon ami, va prendre du repos... A demain : c'est le jour où tu quitteras ta mère pour ne plus la revoir, peut-être !

III

Un premier Amour.

Il s'avance à pas lents et sans bruit comme un fantôme. Une porte s'ouvre : elle est discrète et tourne en silence sur ses gonds... Le voilà dans le jardin...

Que la lune est belle! Comme elle s'entoure

gracieusement de ce blond nuage! Que les fleurs exhalent de suaves parfums!... Comme ils sont doux les soupirs du vent dans la feuillée! Et ce murmure lointain, qu'il est solennel!... C'est la mer... On dirait la respiration d'un géant endormi.

— Elle ne vient pas!... Aurait-on lu dans sa pensée la promesse qu'elle m'a faite de me revoir encore? Son tyran la retiendrait-il captive?.... Oh! seulement un seul de ses regards! J'ai la bénédiction de ma mère, il me faut la sienne; il faut que tous deux, à genoux, nous demandions à Dieu de protéger nos amours.

Il se promène rêveur. Le gazon froissé gémit sous ses pas et ses yeux se tournent avec inquiétude vers un mur assez élevé qui sépare le jardin où il se trouve de la pièce voisine. Tout à coup, il voit un voile blanc s'agiter : plus prompt que l'éclair, il s'élance de l'autre côté du mur.

— Mon Alfred !

— Maria !

Et la jeune fille se précipite dans les bras de son amant, et les lèvres d'Alfred recueillent des larmes avec un baiser.

— O mon ami, ne me méprisez pas, si je me suis rendue à votre désir. Je suis coupable, bien coupable !... J'ai violé la défense de mon père...

— Vous mépriser, Maria !... Te mépriser, mon ange, quand tu me donnes la plus grande preuve de ton amour ; quand, à la veille de me séparer de toi, tu me permets de te voir encore, de te jurer un amour sans fin..... Oh ! laisse, Maria, laisse-moi contempler ton image ! Tourne vers moi ton regard, pur comme une émanation du ciel. Tu ne te repens pas d'être venue, n'est-ce pas ?... Dis à ton amant que tu avais besoin de le voir aussi, de lui répéter, pour adieu, quelques mots d'amour...

Le jeune homme écartait deux petites mains blanches qui voilaient le visage de Maria, et ses lèvres brûlantes se collaient sur ce beau front de vierge, rayonnant de jeunesse et de candeur. La jeune fille recevait et rendait ces caresses avec l'ingénuité de l'innocence. Ses yeux, où brillait encore une larme, s'abaissèrent avec une suave expression d'amour sur Alfred, qui s'était agenouillé devant elle, et qui restait en extase sous l'influence de ce regard céleste. Car il est si doux le regard de celle qu'on aime! C'est un rayon de bonheur qui pénètre notre âme tout entière; un magnétisme puissant qui nous endort dans des jouissances ineffables. Cet être devant lequel on se prosterne a quelque chose de surnaturel; son aspect enivre nos sens; son contact fait courir dans nos veines un frisson de volupté... Cependant nous le respectons comme s'il était descendu des cieux.

— Alfred, m'aimerez-vous toujours? dit la jeune fille après un silence, en glissant ses jolis doigts dans les cheveux noirs de son amant.

— Toujours, Maria.

— Oui, mon Alfred. Et quand tu seras à Paris, si une autre femme te demandait ton cœur, tu lui répondrais qu'il est à moi, qu'il ne t'appartient plus. Ton âme est trop généreuse pour se jouer de l'affection d'une jeune fille confiante et sans expérience qui s'abandonne à toi comme à son bon génie. Ce serait bien mal d'en aimer une autre, puisque, pour devenir ton épouse, je résisterai, s'il le faut, à la volonté de mon père ; je braverai ses menaces, son courroux. Je lui dirai : mon Alfred reviendra !... Vous n'en avez point voulu parce qu'il était pauvre ; mais il reviendra couvert de gloire, et la gloire est plus que la richesse... Vous ne pouvez disposer de ma main puisque mon cœur est à lui.

Qui eût pu voir Alfred en ce moment, eût été surpris de l'étrange émotion qui se peignait sur son visage. Cependant les paroles de son amie étaient douces et rassurantes; mais ces mêmes paroles avaient réveillé dans son âme une idée terrible. Sa main pressa convulsivement celle de la jeune fille, qui le regardait avec un étonnement mêlé d'effroi.

*

— Maria, aurez-vous bien ce courage de braver le despotisme d'un père? C'est qu'il est bien cruel votre père, savez-vous?... Lorsque je lui ai confié mon amour; lorsque je lui ai dit que cet amour était ma destinée, que ma vie sans vous serait un enfer; lorsque je l'ai prié comme j'aurais prié Dieu, savez-vous, Maria, qu'il n'a pas daigné me donner la moindre espérance, qu'il a traité de folies mes projets d'avenir, et m'a conseillé froidement de ne plus penser à vous?... De ne plus penser à toi, entends-tu? à toi, la pensée de tous mes jours, le rêve de toutes mes nuits; à toi que j'aime de toute l'énergie de mon âme!... Ton père, il ne s'inquièterait pas s'il brisait nos deux cœurs. En vain ta bouche et la mienne auraient échangé des serments, il te ferait l'épouse d'un autre, Maria... Un autre flétrirait par d'odieux baisers les lèvres pures de mon amante ; tu serais obligée de recevoir ses dégoûtantes caresses... Oh! je reviendrais alors, n'est-ce pas, Maria, tu me le permets! Et quand ils conduiraient leur victime au temple, je serais là, moi ! Cette exécrable iniquité ne s'accomplirait pas, car il est une justice au ciel !

— Mon ami! s'écrie la jeune fille tout en pleurs, je vous en supplie, calmez-vous, chassez des pensées aussi lugubres. Mon père m'aime trop pour me rendre malheureuse.

Mais Alfred ne l'entendait pas. Il était sous l'empire d'une idée fixe, d'un noir pressentiment.

— Maria, continua-t-il, je vais à Paris. Vous connaissez mes vues, mes espérances..... se réaliseront-elles ? Écoutez, il faut prévoir...... car souvent, ajouta-t-il d'une voix sombre et presque prophétique, la main de la fatalité renverse, d'un seul coup, l'édifice de bonheur que nos désirs avaient construit.

La jeune fille frissonna.

— Si cette main de fer devait s'appesantir sur moi ; si, au lieu de la gloire et de la fortune que je vais chercher, je ne rencontrais que la misère.....

— Oh ! taisez-vous, dit la jeune fille éperdue.

— Alors, Maria, il faudrait m'oublier, vous efforcer d'en aimer un autre....

— Alfred !.... mais c'est affreux ce que vous dites là ! c'est une amère ironie ! M'efforcer d'en aimer un autre ? Mais tu ne sais donc pas que la misère avec toi serait le comble du bonheur ? que je quitterais tout, oui, jusqu'à mon père, pour courir essuyer tes larmes ? Tu serais abandonné des hommes, eh bien ! je te dirais : me voici, regarde, c'est ton amante.... Ils t'ont refusé de la gloire ?... moi je t'apporte de l'amour.

Et lequel vaut le mieux, dis, de l'amour ou de la gloire ? Quand je serais là, près de toi, est-ce que tu regretterais encore quelque chose ?.. Va, mon Alfred, si tu ne réussis pas, nous trouverons toujours un lieu sur la terre où nous puissions nous aimer en paix....

— Oh ! merci !.... merci, répéta le jeune homme en tombant aux pieds de Maria. Ange du ciel, ta voix est douce comme la voix de l'espérance ; tes paroles sont un baume céleste qui ferme toutes les blessures de mon âme. Viens sur mon cœur, Maria, mon épouse ! reçois-le ce titre sacré. Il n'est point ici de prêtre pour bénir notre union, mais j'en prends à témoin ce bel astre, mystérieux flambeau porté sans doute par un ange qui vient éclairer notre hymen, ces brillantes étoiles qui scintillent dans l'azur, la nature entière.... Ce titre d'épouse, je te le donne devant Dieu qui nous entend et qui doit nous réunir un jour !

— Maintenant, ajouta-t-il, d'un ton solennel, jure de n'être jamais qu'à moi !

— Je le jure ! dit Maria.

Trop faible pour supporter d'aussi vives émotions, elle tomba sans connaissance dans les bras d'Alfred.

Bientôt elle revint à la vie sous les baisers de son amant ; mais la lumière était venue, et avec elle l'heure de la séparation.

— Pars, dit la jeune fille au milieu d'un long et dernier baiser, songe à ton épouse, travaille à notre bonheur, adieu !

IV

Mère chrétienne.

Alfred venait de quitter Maria. Son cœur était encore oppressé lorsqu'il entra dans la chambre de sa mère.

Il la trouva agenouillée devant une image de la Vierge.... Elle priait pour son fils.

C'est une religion bien touchante que celle qui met une femme près du trône de la divinité. La distance de l'homme à Dieu se rapproche en quelque sorte. Cet être créé comme nous compatit bien mieux à nos douleurs. Et puis, Marie doit avoir un regard de bonté pour une mère, car elle est mère aussi.

Qui ne se rappelle ces jours de saintes croyances, où, frêles et blondes créatures, aux joues rosées, à la chevelure flottante comme celle des anges, nous étions soulevés sur le bras maternel jusqu'à la Madone, qui paraissait sourire à nos jeunes prières? Comme elle parlait à nos cœurs, cette femme qui ressemblait à notre mère, et tenait un enfant dans ses bras! Depuis, nous avons ri peut-être de notre crédulité; mais qui de nous, encore aujourd'hui, ne sentirait pas cette foi naïve se réveiller un instant dans son âme, et ne fléchirait pas le genou comme Alfred, en voyant prier sa mère?

—O Vierge, disait-elle, j'ai veillé jusqu'à ce jour sur son innocence ; je me suis efforcée d'éloigner de cette tendre fleur tout contact impur... A présent, qui pourra l'empêcher de se flétrir, si vous ne la défendez contre le souffle des orages ?.... Je mets sous votre protection mon cher enfant ; rendez-le moi vertueux comme je vous le confie.

La voiture attendait Alfred.

V

Paris.

Savez-vous quelle est la chose du monde la plus sublime et la plus ridicule; celle qui vous donne le plus de sensations diverses, qui vous attire et vous repousse, qu'aujourd'hui vous voudriez élever aux nues et brûler demain; la chose, en un mot, qui présente tous les contrastes?

C'est une grande ville, c'est Paris.

Connaissez-vous Paris?.... C'est un vaste arsenal où se trouve réuni tout ce qu'il y a de beau, de gigantesque, de divin sur la terre. Paris est le foyer du génie, le temple des beaux-arts, le centre où viennent aboutir toutes les célébrités.... Paris a été créé comme un monde.

Voyez-le, l'orgueilleux qu'il est, s'entourer avec coquetterie de ses fastueux édifices, comme une beauté de ses atours. Il revêt le manteau royal, orne son front des joyaux de la couronne, et vous dit : « Je règne ! »

Et si vous en doutez, sa main vous indique, bien loin dans les âges, ses titres de noblesse gravés sur l'autel des Druides et sur la tombe des soldats romains. Puis, il vous montre sa

Notre-Dame, toute noire de siècles, avec ses deux tours massives; son *Louvre* qui porte l'empreinte du pied des rois; son *Hôtel des Invalides*, dont le dôme étincèle et dont les murs sont pavoisés des drapeaux de la victoire; son *Panthéon*, dernier asile des grands hommes, et qui monte aux nues comme la gloire de ceux dont il garde les cendres.... Il vous perd dans une forêt de marbres, de colonnes et de tours, et vous dit : « Voilà mes œuvres! »

Puis, si vous voulez du plaisir, il jettera sous vos pas ses femmes à la taille voluptueuse, dont l'œil fascinateur vous entraîne et vous subjugue; il vous offrira ses théâtres aux décorations magiques, ses acteurs, ses sylphides aériennes, ses concerts dont la musique est pure et suave comme un écho du ciel... Et vous aurez du plaisir, si vous avez de l'or, jusqu'à ce que vienne le moment des désillusions, où le plaisir ne s'achète plus, même avec de l'or.

Retardez-le, si vous le pouvez, ce moment fatal. Ne sortez jamais de ces brillants quartiers où l'opulence étale tout son luxe, de ces jardins enchanteurs que la beauté vient embellir encore; n'écoutez que les accents du plaisir, de peur que les cris de la misère ne vous réveillent au milieu de vos beaux rêves; gardez-vous de vous aventurer dans ces rues étroites et sombres que le soleil n'éclaira jamais : car, là, vous ne verrez plus ni lambris dorés, ni marbre, ni statues ; mais des maisons brunies par le temps, des réduits obscurs, tannière du peuple et d'où il se précipite, quand a sonné l'heure de la vengeance, pour incendier le palais des rois et briser leur couronne de sa main nerveuse. Là, plus d'équipages somptueux, de femmes à la figure d'ange, à la voix mélodieuse.... C'est l'homme du peuple, au bras nu, la poissarde échevelée, à la voix glapissante, la fille de joie au front sans pudeur, l'ivrogne étendu, sans vie, sur le seuil de la taverne.... C'est le mendiant en lambeaux, l'orphelin qui pleure, l'assassin qui tue; c'est la misère, la débauche et le crime dans toute leur horrible beauté.

Ne vous aventurez jamais dans ces tristes lieux, grands du monde qui nagez dans l'abondance, vous que le ciel, je ne sais pourquoi, gorgea d'honneurs et de plaisirs; vous qu'il plaça, je ne sais pourquoi, les rênes en main, sur le devant du char social. Détournez vos yeux des plaies hideuses qui rongent la société : car il serait trop pénible, au sortir d'un brillant salon, d'entendre la plainte du malheureux; vous souffririez trop de voir une main décharnée qui s'étendrait vers vous afin que vous y laissiez tomber une aumône.... Et puis, ce peuple mérite-t-il, après tout, un seul de vos regards?..... sa misère est son ouvrage; ses vices, ses excès crapuleux vous font horreur. Que vous importe, à dire vrai?.... Le bagne et le bourreau sont là !

Le bagne et le bourreau pour celui que la faim

ou le manque d'éducation pousse au crime, les honneurs pour vous : c'est trop juste !.... Le vice ne doit rester impuni que lorsqu'il se couvre de dorure ou se cache sous la simarre.

Il y a dégradation partout où il y a des hommes, sans doute ; mais à Paris l'immoralité déborde comme un torrent après une pluie d'orage, parce que Paris est l'immense égout dans lequel viennent se jeter toutes les immondices des provinces, toutes les ambitions, toutes les fourberies, tous les déshonneurs, tous les crimes !

Oh ! ne venez pas à Paris !

Ne venez pas à Paris, vous qui croyez en Dieu, car il est athée, le géant ! Son front ne se courbe plus devant la croix de bois qu'adoraient ses pères : l'or et la femme sont ses dieux.

Ne venez pas à Paris, vous dont les jours sont

encore purs, car l'air qu'on y respire tuerait votre innocence.

Jeune homme, ne venez pas à Paris!..... vous y verriez votre jeunesse se flétrir, s'éteindre toutes les croyances que vous avez puisées dans le cœur d'une mère, toutes vos illusions tomber, une à une, comme les feuilles d'automne.

Vieillard, ne venez pas à Paris!.... le spectacle que vous offrirait la société jèterait de l'amertume sur vos derniers jours : vous vous exposeriez à mourir en maudissant les hommes.

Ne venez pas à Paris, vous qui croyez à l'amour; car, sous ces formes gracieuses, sous ces beaux corps de femmes, trop souvent sont cachées des âmes flétries.... Au fond de leur sourire il y a du poison !.... Vous aurez cherché l'amour, vous n'aurez rencontré qu'une honteuse et dégradante volupté.

Vous tous qui croyez aux sentiments purs, aux douces émotions du cœur, ne venez pas à Paris !

Ne venez pas à Paris, vous qui croyez à l'amitié..... vous n'y trouverez que l'égoïsme vil, rampant, qui tue l'âme dans ce qu'elle a de plus sacré. Les hommes s'y exploitent mutuellement, comme on exploite une mine.

Ne venez pas à Paris, vous qui rêvez la gloire! Si vous avez le cœur noble, vous refuserez votre encens à l'idole du jour ; vous ne voudrez pas prostituer les sons de votre lyre... La misère vous attend.

Pauvre provincial, restez dans vos tranquilles demeures, à l'ombre de vos bois, au bord de vos ruisseaux..... Oh ! ne venez pas à Paris !.... Il vous séduirait au premier abord;

mais c'est le serpent caché sous les fleurs, l'arsenic au fond d'une coupe de miel.... Aujourd'hui Paris serait pour vous le ciel.... demain, l'enfer !

VI

Souvenirs.

Il ne reste plus dans les rues désertes du quartier Latin que des chiffonniers en guenilles et des étudiants qui regagnent leur hôtel garni en fumant un cigarre ou en fredonnant des couplets de vaudeville.

Une lueur faible et tremblante, mourant et renaissant tour à tour, se projette sur les sombres murailles de l'église Saint-Etienne-du-Mont, en passant au travers des vitres obscurcies d'une mansarde. Dans cette mansarde veille un jeune homme au front large et pâle. C'est une de ces figures vulgairement appelées *romantiques*, qui, par des contours régulièrement dessinés, offrent dans leur ensemble la plus belle harmonie; type à faire bondir de joie le pinceau d'un artiste, et qui eût produit miraculeux effet souriant à gentille et noble damoiselle sous le jour colorié d'une fenêtre gothique. De longs cheveux tombent en boucles noires sur le derrière de sa tête, et ses yeux ont tout cet éclat que leur donne la jeunesse lorsque des passions précoces ne sont pas venues le ternir. Cependant la pâleur de son visage est l'indice d'une âme ardente et passionnée; la nature semble l'avoir doué d'une extrême sensibilité, jointe à une vive imagination; si toutefois on peut appeler un don des qualités auxquelles, le plus souvent, nous dévous tous nos malheurs. Il pleure, ce jeune homme, car il regrette ses naïves joies du foyer natal, les tendres épanchements qui charmaient sa jeune âme. Il s'est exilé des lieux de son enfance; il a quitté sa patrie, son bel horizon des mers, ses rivages caressés par une vague d'azur; il s'est éloigné de sa mère et de son amante...

— Oh! loin de tout ce que j'aime, seul à présent sur la terre! Et moi qui, n'espérant que de beaux jours, me plaisais à soulever le voile de l'avenir pour sourire au bonheur que m'indiquaient confusément mes rêves. Un ange évoqué par mes soupirs était descendu près de moi; son aile avait frémi sur ma joue; mes mains avaient touché sa robe légère; j'avais entendu sa voix douce et pure comme les sons qui s'exhalent des harpes du ciel... Et voici que je n'ai plus mon ange, je n'entends plus sa voix et je pleure!

Voulant étancher la soif indicible d'amour

qui me consumait, je m'étais dit : « Cherchons la sœur de mon âme, celle que le créateur a formée pour être ma compagne, aussi pure que la rosée du matin, aussi timide qu'un lis de la prairie...; une âme qui se cache sous le corps embaumé d'une vierge, comme une blanche colombe sous les rameaux des bois. »

Et j'avais trouvé mon autre âme, ma vierge, ma colombe !

C'était un soir, à la lueur des flambeaux, au murmure solennel des prières; appuyé contre une colonne, j'écoutais la voix des prêtres et les soupirs de l'orgue qui se répandaient dans le temple comme un parfum sonore, lorsqu'une jeune fille vint me froisser avec sa robe de gaze et s'agenouiller à quelques pas de moi.

Je vis son œil bleu se tourner vers l'autel, son beau corps se pencher comme un rameau de saule, sa lèvre murmurer une prière... et je ne vis plus rien, car un nuage avait passé sur mon front, mes jambes avaient fléchi.... Quand je revins à moi, tout avait disparu.

Et le même soir, lorsque ma tête tourbillonnait encore, je revis la même apparition... La jeune fille aux yeux bleus embrassait ma mère et Léonie. Oh! dès lors seulement ma vie commença!... Je voyais Maria tous les soirs, et Maria m'aimait; nous voguions ensemble sur un fleuve d'amour... Au dessus de nos têtes, un ciel pur; sous nos pieds, des roses; autour de nous, une atmosphère de bonheur!

Et puis, hélas! un orage vint troubler notre beau ciel, les roses se flétrirent, et le malheur nous toucha de sa main noire... J'étais pauvre; on me défendit d'aimer Maria.

Mais Dieu, qui a créé l'espérance, n'a pas mis un mensonge au fond de notre cœur... Je crois à l'espérance!

« Reine des cités, je m'arrête à l'ombre de tes monuments gigantesques; je viens puiser dans tes beaux souvenir pour y chercher la gloire dont tu t'es faite la noble dispensatrice. C'est ta main qui couronne le poète, c'est ta grande voix qui l'applaudit; dans tes murs la lyre rend de plus beaux sons!

VII

Nous donnons un conseil.

Alfred était fils d'un ancien colonel de l'empire, qui avait trouvé la mort au champ de Waterloo, dans ce jour de deuil où la gloire s'éteignait sur le front de la patrie. La chute de Bonaparte avait entraîné la ruine d'un grand nombre de familles, et la mère d'Alfred n'aurait pas conservé de son ancienne fortune ce qui lui était nécessaire pour suffire à l'éducation de ses enfants, si une main généreuse ne fût venue à son secours. Néanmoins il n'y avait point de regrets dans son cœur, car elle s'extasiait, la bonne mère, devant ces jeunes plantes qu'elle avait fait croître et prospérer. Elle n'éprouvait qu'une crainte en regardant Alfred, dont la figure était noble et fière, la taille élancée, et qui joignait une grande force physique à la beauté de la jeunesse : c'était que, à l'exemple de son père, il n'embrassât la carrière des armes, et n'échangeât aussi plus tard sa vie contre des lauriers.

Mais le jeune homme rêvait une autre gloire. Pendant tout le cours de ses études, plus brillantes que solides, il avait constamment négligé les sciences abstraites pour s'adonner à la littérature et à la poésie. Souvent ses cahiers de philosophie s'étaient trouvé remplacés par un volume de Lamartine; plus d'une fois il était retombé rudement du ciel sur la terre, quand, au milieu de ses rêveries fantastiques, son professeur l'avait interrogé sur la métaphysique d'Aristote ou le carré de l'hypoténuse.

Comme elles étaient riantes et gracieuses les idées qui se formaient dans cette jeune tête! Comme elle s'abandonnait naïve et confiante aux premières impressions du bonheur!.... Ensuite était venu le premier désenchantement, le premier souffle précurseur de l'orage, et la lutte, corps à corps, entre le jeune homme qui s'attache à ses illusions et la société qui vient les détruire, avait commencé.... Alfred était à Paris.

Maintenant, lecteur, voulez-vous recevoir notre conseil?

Si vous êtes jeune encore, nous sommes loin de vous l'adresser, parce que vous trouverez en vous de quoi justifier Alfred; mais si vous

avez atteint cet âge où l'on ne voit plus rien en beau, parce qu'une triste expérience apprend à connaître les hommes, nous vous dirons : « Avant
« de blâmer notre provincial, et de taxer ses
« projets de folie, reportez-vous à ceux de vos
« jours où vous ne comptiez pas encore la longue
« suite de vos espérances trompées. Songez que
« vous avez à juger un jeune homme de vingt
« ans. Vous aussi, à cet âge, deviez entrevoir un
« avenir doré; vous rêviez le bonheur, la gloire
« peut-être, et vous ne condamnerez pas celui
« qui se laisse bercer par des songes si doux. »

Ce conseil ne paraît pas dépourvu de justesse. Libre à vous pourtant de penser le contraire, si, dans notre héros, vous ne reconnaissez pas le jeune homme tel qu'il est à vingt ans, c'est-à-dire pétri d'illusions. Sans doute, il est forcé de les abandonner plus tard, à mesure qu'il fait un pas dans ce chemin rempli d'écueils que nous sommes convenus d'appeler la vie; il doit rentrer dans l'ornière du positif et de l'égoïsme, veuf de ses nobles pensées, l'âme aride et presque avilie par le contact des hommes... A moins cependant qu'en voyant le monde à nu le désespoir ne l'en fasse sortir par le suicide, pour ne pas rester en mauvaise compagnie. Le rêve semble parfois si pénible qu'on désire hâter le réveil.

VIII

Alfred à sa sœur.

Je suis arrivé d'hier, ma bonne Léonie. Si tu savais combien j'ai souffert pendant la route !... Chaque mouvement de la voiture venait douloureusement retentir dans mon cœur : j'étais emporté loin de tout ce que j'ai de plus cher au monde, loin de ma mère, de ma sœur, de Maria....

J'ai trouvé Frédéric Evrard qui m'attendait à l'hôtel des diligences, comme je l'en avais prié. Sans lui je n'aurais su où diriger mes pas dans cette ville immense, au milieu de ce peuple effaré qui vous heurte et vous renverse, de ces mille rues qui se croisent et vous perdent dans leurs innombrables détours.

Frédéric m'a conduit dans son quartier, où j'ai voulu prendre une chambre qui fût en rapport avec mes faibles ressources. Figure-toi, ma sœur, une pauvre et triste mansarde de dix pieds de long sur sept de large, avec un lit de sangle, deux chaises et une table vermoulue, tu auras une idée de ma nouvelle habitation. Encore si de ce réduit je pouvais apercevoir le ciel ; mais en face de ma fenêtre est une église noire et silencieuse comme un tombeau. Des monstres de pierre, penchés sur l'abîme, semblent prêts à s'élancer sur moi... Ils me regardent avec un rire de démon comme pour me présager des malheurs.

Je te l'avoue, hier quand Frédéric m'a quitté, mon âme était bien chagrine. J'ai pleuré, Léonie, et j'hésitais à me coucher sur ce pauvre grabat où des malheureux, avant moi, sont peut-être morts de misère et de faim. Ce matin, j'ai eu encore des idées bien tristes parce que mes yeux n'ont plus rencontré le portrait de notre mère qui souriait à tous mes réveils. Et puis, en ouvrant ma fenêtre, je ne voyais plus mon beau ciel de Cherbourg, ni les plaines d'azur de la Manche... La haute et sombre église était là qui bornait ma vue.

Je me suis mis à t'écrire, et c'est une grande joie, quand on est séparé des objets de sa tendresse, de pouvoir encore leur confier ses peines, malgré l'éloignement, et recevoir en échange de douces consolations. Tu m'écriras souvent, Léonie. Je te dirai tout ce que j'aurai admiré à Paris; et toi, tu m'entretiendras de notre mère... Dis-moi si M. Berthier te permet de voir Maria. Ah! que je serais heureux s'il en était ainsi! Je pourrais du moins lui écrire, et toi, ma sœur, tu serais la colombe messagère à laquelle nous confierions nos pensées d'amour.

Bientôt je n'aurai plus Frédéric. Les vacances approchent, il va revoir ceux qu'il aime... Et moi, quand vous reverrai-je ?

Pense à moi, ma bonne Léonie; embrasse notre bonne mère... Adieu.

ALFRED.

IX

Les Étudiants.

On a beau prêcher l'égalité; on a beau vouloir fondre, dans un même creuset, tous les rangs et toutes les conditions : les êtres humains, semblables à autant de métaux qui ne veulent pas s'allier, reprennent, l'opération finie, chacun leur place, leur couleur et leur caractère, au grand désappointement de l'alchimiste social.

Renouvelez l'opération... Mêlez ensemble nobles et chiffonniers, duchesses et grisettes, dandys et épiciers, vous verrez retourner les épiciers à leur mélasse, les dandys sur le boulevart, les grisettes à la barrière, les duchesses au faubourg Saint-Germain, les chiffonniers au coin des rues, les nobles au château... Vous suerez en vain pour opérer une fusion générale : il y aura toujours des distinctions.

Et fort heureusement, car nous, qui sommes hommes de lettres, nous ne voulons pas être pris pour des marchands de volailles; vous, qui siégez à la chambre, vous ne voulez pas être pris pour des hommes de lettres; vous, ministres, pour de simples députés.... Or, ministres, brûlez les pierres avec votre équipage; députés, montez en omnibus : nous irons à pied pour nous distinguer.

Nous sommes si fort possédés de cette manie des distinctions que, s'il nous arrive de rencontrer un individu dont les moustaches soient tournées comme les nôtres, nous donnons à l'instant à nos poils une autre direction.

Nous ne suivons jamais la mode, parce que la mode est une généralité : il ne nous plaît pas d'être vêtu, chaussé, coiffé comme tout le monde. Et nous approuvons ceux qui pensent comme nous. Quant à ceux pourtant qui voudraient copier notre tournure ou se donner nos airs, nous sommes tout disposés à leur chercher querelle : c'est un plagiat aussi évident que s'ils nous prenaient nos idées.

A propos de distinctions, nous parlerons des étudiants.

Ces héros du quartier latin ont un talent particulier pour se faire reconnaître dans la foule. Ils forment une espèce de société à part, avec ses mœurs, ses coutumes, sa manière de vivre à elle ; ils se mêlent, sans se confondre, aux flots de la population parisienne, comme un fleuve rapide aux eaux d'un lac.

Peuples nomades, ils viennent dans la capitale dresser leur tente éphémère. La liberté les prend sur son aile puissante et les jette au milieu de ce monde bruyant, sans leur donner, la folle déesse, un seul guide pour diriger leurs pas. Elle leur dit : « Vous êtes vos maîtres !... » et un cri s'élève pareil à celui d'un esclave qui briserait ses fers. Le vertige s'empare de ces jeunes têtes où brûlent toutes les passions, comme autant de feux dans les entrailles d'un volcan.

Nous sommes à Paris,

Plus d'entraves !

Livrons aux vents notre chevelure, nos sens aux plaisirs !

Et d'abord, il nous faut des femmes, des

baisers brûlants, de voluptueuses étreintes!

Il nous faut des émeutes où le canon tonne,

Avec du sang, des morts, et le râle des blessés!

Nous sommes à Paris!

Ce mot seul rend tout. Je suis à Paris, cela veut souvent dire : « Je me livre sans serupule à tous mes penchants; j'ai une femme dans mon lit.

« Je ne suis plus obligé de croire en Dieu, d'aller à la messe, de saluer un prêtre.

« Je ne paie ni mon tailleur, ni mon bottier : il faut à ma maîtresse des robes et des châles.

« Je puis tout faire, car mes actions ne trouvent point de censeurs; les vices des autres servent de voile aux miens; mon immoralité se fond dans l'immoralité commune. »

Nous avons dit que les étudiants formaient une espèce de société à part. Cette petite société, comme la grande, a plusieurs classes distinctes. Nous placerons au premier rang le polytechnique; viendront ensuite l'étudiant en droit et le carabin.

Le polytechnique a le front noble, la démarche fière. On ne le voit jamais dans de mauvais lieux salir son brillant uniforme. Il dîne aux *Mille Colonnes*, hante les salons et les théâtres de bonne société. Docile à ses réglements, il sait néanmoins les enfreindre lorsqu'il s'agit de conquérir à la France une liberté. Ce peuple de jeunes braves ne connaît plus d'obstacles quand la voix du canon résonne à son oreille... Il franchit les murs de l'école, et, guidé par l'odeur de la poudre, il court escompter l'héroïsme.

Suivons notre gradation descendante.

L'étudiant en droit, sans avoir les manières

communes, n'a cependant pas le vernis de bon ton qui distingue le polytechnique. Son genre de vie n'est plus le même. Il dîne à dix-huit sous et loge à la mansarde, afin de pouvoir, le dimanche, aller siffler quelques acteurs du boulevart ou conduire une grisette à la Chaumière. Le basochien d'autrefois huait ses recteurs et battait les soldats du guet. Aujourd'hui rien n'est changé : les sergents de ville veulent battre et sont battus; nous pourrions citer de malencontreux professeurs dont les oreilles bourdonnent encore de huées et de sifflets... Pourquoi d'ailleurs changerait-on les anciens usages ?... *Sic voluêre patres.*

Il nous reste à parler des carabins, et nous demandons pardon au lecteur de le conduire au milieu de ce peuple éhonté, sans morale, sans frein, sans croyances.

Les avez-vous vus, dans leurs salles d'anatomie, jouer avec la mort, se jeter des cervelles d'hommes à la tête et ricaner comme des démons sur un cadavre ?... Nous les avons surpris dans ces exécrables jeux, et nous avons dit : « Anathème!... Autrefois on brûlait les violateurs des tombeaux ! »

Et que l'on n'essaie pas de justifier ces désordres en invoquant une triste nécessité et l'intérêt de la science : nous répondrons qu'on peut étudier la science sans flétrir la dépouille des morts; nous répondrons que plusieurs jeunes élèves sont là pour faire rougir les autres de leur révoltant cynisme.

Ce genre d'étudiant, par une fatalité inouïe, se corrompt au milieu des cadavres qu'il fouille avec le scalpel... L'insensé nie Dieu près de son chef-d'œuvre, et, ne croyant pas en Dieu, il rejette à plus forte raison toute idée de spiritualisme... L'âme n'existe pas ! Plus tard, livrez-vous donc aux mains de ces hommes qui ne voient en vous qu'une masse de matière : ils feront sur votre corps les mêmes expériences que sur celui d'un chien... Pour notre compte, nous aimerions mieux être aux prises avec un assassin, dont on peut du moins se débarrasser en lui brûlant la cervelle.

X

Lequel préférez-vous?

Frédéric Evrard est un vrai type de carabin. On n'a pas de peine à reconnaître le jeune homme qui a humé par tous les pores l'air corrompu de la capitale. Les passions ont laissé la trace honteuse de leur passage sur sa figure livide.

Autour de ses yeux ternes, on remarque ce cercle bleuâtre, indice évident de l'abus du plaisir et des émotions fortes. Frédéric a perdu sa mère à cet âge où la voix de celle qui nous a donné la vie a tant de pouvoir sur notre âme d'enfant, et sait si bien nous prémunir contre les orages de l'adolescence. Ses études terminées à Saint-Lô, son père l'envoya à Paris, en lui recommandant la sagesse... Belle recommandation! quand ce père imprudent n'avait rien mis dans le cœur de son fils, pas un seul principe de morale, pas une goutte de contre-poison pour détruire l'effet d'un séjour empesté.

Si vous aviez précipité votre enfant dans un gouffre sans lui avoir appris à nager; si vous l'aviez placé sur la pente glissante d'un abîme, sans une pierre, sans une branche pour le retenir dans sa chute, on vous eût appelé assassin... Jugez-vous!

Alfred et Frédéric avaient fait leurs études

dans le même collége; le même lieu les avait vus naître; mais, en sondant le caractère de ces deux jeunes gens, on verra qu'il n'y a pas d'amitié possible entre eux. Frédéric, vieillard en perversité, a déjà usé sa vie. Il a touché cette borne fatale où l'homme qui n'a plus de croyances s'arrête, ne voyant plus devant lui que le néant, derrière lui qu'une mare fangeuse où il s'est traîné comme un reptile. Il ne lui reste qu'un choix à faire, ou descendre dans le néant, ou se replonger dans la mare... Frédéric a pris ce dernier parti.

Alfred, lui, ne fait qu'entrer dans le monde, qu'il s'imagine, le crédule jeune homme, bien autre qu'il n'est en réalité. Comme elle sera peu en rapport avec les sentiments de son cœur, cette société d'aujourd'hui, qui n'a plus de pensées que pour la terre !... Chacun de ses pas sera marqué par une désillusion, et rien ne tue le poète comme les désillusions... Car cette âme qui s'envole, portée sur des ailes de feu, vers les régions aériennes, vers ce monde peuplé d'anges où elle puise ses rêveries et ses extases, redescendue sur la terre, n'y trouve plus de sympathie, et comme une exilée du ciel soupire et pleure. Alfred a l'âme d'un poète, neuve encore avec toutes ses belles pensées. Ce qu'il connaît de la vie ne peut lui faire haïr les hommes; une mère tendre, les douces affections de l'enfance, un premier amour, qui, à la vérité, causa ses premiers chagrins; mais, à côté, sont les serments d'une amie, et l'espérance lui apparaît souriante et belle en dissipant le triste nuage amassé sur son bonheur. A vingt ans le cœur est si plein d'espérance, on croit si facilement au bonheur!...

Et puis Alfred n'a point encore appris à nier Dieu. Son âme n'est point desséchée et conserve les premières impressions religieuses, qui nous sont données au berceau. Il est loin cependant de cette crédulité mesquine et rampante des âmes faibles. Sa religion est en harmonie avec son caractère et ses idées poétiques. Il croit à l'union mystérieuse du ciel avec la terre, et plus d'une fois, pendant les belles nuits d'été, quand les étoiles brillaient au ciel et que les vents soupiraient dans les bois, il avait cru voir le regard, entendre la douce voix des anges. Il aime la prière à la madone, le chœur des jeunes filles, les nuages d'encens voltigeant autour des autels. Il ne rougit pas de s'agenouiller avec la foule sur le pavé des temples...

Lequel préférez-vous ?

XI

Rupture.

Damnation!... c'est à se rompre le cou pour entrer chez toi. Cinq étages, point de rampe et des ténèbres! où diable es-tu venu te nicher?... Je gage ma tête que le chantre de *Vert Vert* était mieux logé... Bon, je n'avais pas encore vu l'église!... joli voisinage! Sais-tu que cette chambre conviendrait à merveille à l'une de ces vieilles rouées qui donnent, à plein collier, dans la dévotion quand les amants s'envolent? Elle pourrait ici méditer à son aise sur la vanité des plaisirs et des amours... Mais à toi?... fi donc! Quelle maîtresse voudra jamais monter cinq étages, et partager un lit de sangle? Te figures-tu comme ça serait amusant pour ta tourterelle d'être lorgnée par ces faces sataniques qui sont perchées là-haut, et d'entendre les beuglements des taureaux de Saint-Étienne, qui entonneraient un psaume ou clameraient *Amen!* quand tu finirais une déclaration d'amour? Délicieux accompagnement à des baisers et à des soupirs!... En résumé, pour se plaire dans ce taudis, il faudrait croire en Dieu; or tu n'es pas assez sot...

— Frédéric, tes raisonnements ne me conviennent pas.

— Bah!... tu crois en Dieu? s'écria le carabin en pirouettant sur son talon gauche... C'est égal, tu as tort de rester ici.

— Il m'est impossible de prendre un logement plus coûteux, sans m'exposer à manquer plus tard du nécessaire.

— Par la culotte de Satan ! tu me fais pouffer de rire avec ton économie. Novice !... est-ce qu'un joli garçon souffre jamais de la misère à Paris ? Suis mes conseils : avant deux mois tu as équipage, une loge à l'Opéra et ton logement dans un magnifique hôtel. Il s'agit simplement de t'aboucher avec une marquise du noble faubourg, qui te paiera en espèces sonnantes ce que tu lui donneras en nature.

— Tes principes sont trop opposés aux miens, pour que nous restions long-temps amis.

— Tu veux déjà divorcer ?... Les voilà bien comme ils nous arrivent de province, avec leurs idées bizarres et les songes creux dont on a bercé leur crédule enfance. Impossible de lâcher un mot sans qu'ils y trouvent à redire...

— Ecoute, tu ne crois pas en Dieu, moi j'y crois ; la religion te semble ridicule, elle me semble belle, sublime dans son ensemble, consolante dans ses détails. Maintenant, si tu ne veux pas briser l'amitié qui nous lie, respecte mes croyances. Qu'elles soient fondées, ou non, que t'importe ?... Quant au moyen que tu m'indiques pour briller dans le monde, je le trouve avilissant, indigne d'une âme noble. Avant que je consente à me dégrader de la sorte, tu me verras mourir de faim dans cette mansarde.

— Bravo !... ce cher Alfred !... il a du grandiose dans l'âme, de la délicatesse de sentiment surtout; mais, en ami, je me crois obligé de t'avertir que ce genre de monnaie n'a plus cours à présent. Comme il n'y a rien de positif, en ce monde, que la fortune, tous les moyens sont bons pour y arriver. Or, je te soutiens que celui dont je te parle est, sans contredit, le meilleur. On n'arrive à rien que par les femmes... mais les femmes du grand monde, celles qui ont un nom brillant qu'on peut flétrir, une réputation menteuse qu'on peut mettre à nu, en déchirant le voile dont elles couvrent leurs faiblesses. Avant de tenter cette voie, il y a une résolution à prendre : c'est de s'interdire l'amour, car éprouver de l'amour pour une femme, c'est une duperie. Elles ont des sens, voilà tout, des sens et point de cœur. Dans le plan que je te soumets, il ne doit entrer que du calcul. Tiens en ta puissance une de ces grandes dames... dis-lui : «Donne-moi de l'or, ou je parle!» elle te donnera de l'or; » des emplois, des dignités, ou je parle!» elle te poussera aux grandeurs, elle fera tout pour acheter ton silence.

— C'est à dire que, d'après ton système, il faut renoncer à tout sentiment honnête; il faut mettre la main sur son cœur et lui dire : «Taistoi!» Il faut surtout mépriser les femmes, les regarder comme de vils instruments que l'on brise après s'en être servi... Je n'en suis pas encore arrivé là.

— Parfait ! il croit en Dieu, il estime les femmes... Sais-tu que tu es en arrière de deux siècles ?

— Tout ce que tu voudras... mais la femme est une de mes belles pensées. Je la considère comme un être d'une nature supérieure à la nôtre, et quiconque essaiera de la renverser du trône que je lui ai dressé dans mon esprit me trouvera toujours prêt à la défendre. C'est un ange que le ciel a placé près de l'homme déchu pour sécher ses larmes et lui donner du bonheur. Une femme nous reçoit dans ses bras à notre entrée dans la vie, nous fait connaître le premier sourire et murmure à notre oreille les premières paroles de tendresse. Qui nous console, si ce n'est elle, dans les peines inséparables de notre courte existence ?... Je regarde comme bien malheureux celui qui, près d'entrer dans la tombe, n'entend pas le dernier adieu d'une épouse chérie, ne voit pas ce regard qui, après s'être arrêté sur lui plein de pleurs, se tourne vers le ciel et semble dire : « C'est là que nous devons nous revoir ! » Pour parler de la sorte, il faut que tu n'aies plus de mère; tu l'as perdue quand ton cœur apprenait à peine à l'aimer. Moi, j'ai une mère encore, une mère qui m'a donné tous ces principes que tu aurais aujourd'hui, comme moi, si la mort ne t'avait pas enlevé la tienne... Je te plains, Frédéric...

— Merci, fais-moi le plaisir de garder ta compassion pour d'autres. Je serais au désespoir si je n'étais pas plus à la portée de mon siècle que toi. Encore une fois, tu vois les choses comme on les voyait il y a trois ou quatre cents ans..... Il entre beaucoup de gothique dans tes idées, mon cher...... Ainsi tu comptes vivre en ermite? Et moi qui t'avais procuré une jolie petite blonde, presque neuve encore, et qui t'aurait dégourdi lestement, je t'assure; mais, le diable m'emporte! je lui ferais un joli cadeau, en lui donnant un homme de ton espèce!... Allons, je laisse au temps le soin de te convertir : je perdrais mes peines... Seulement je te conseille de ne pas raisonner ainsi devant tout le monde, car on n'aurait pas mon indulgence, et...

— Ne pense pas m'effrayer : j'ai l'âme assez grande pour me mettre au dessus de sottes railleries.

— C'est juste, vous autres, messieurs les spiritualistes, vous planez par votre intelligence au dessus du vulgaire; vous montez aux cieux sur l'aile du génie, et, de là, vous jetez un regard de mépris sur les hommes grossiers et matériels?... Très bien! perdez-vous dans la nue, planez!... Moi, je reste sur la terre, ventredieu! j'y trouve de jolies femmes et de bons vins... Eh! que faut-il de plus? Je ne songe qu'à dépenser joyeusement ma vie, peu soucieux de l'avenir qui n'est qu'un rêve. A moi donc les orgies et le délire, la grisette aux franches allures, les saillies de la débauche, la table où l'on s'enivre, le lit qui ploie sous deux corps unis par la volupté !... A vous la solitude et le silence, la chasteté, les hautes méditations et les extases ! Je revêts le manteau cynique d'Epicure, couvrez-vous de la robe du trappiste! A vous encore cet autre monde, dont votre Christ nous a donné une si charmante idée par ces mots de son Evangile : « *Neque nubent, neque nubentur...* » Bien trouvé !... Le tonnerre m'écrase, si un honnête homme voudrait jamais rester une éternité tout entière sans coucher avec une femme!... Mahomet a eu plus de bon sens, en peuplant son paradis de ravissantes houris. Dans le sien on pourra faire autre chose que bayer aux corneilles.

— Frédéric, tu es un démon....

— Tu es un ange, toi!... parole d'honneur, je t'admire. Allons de la persévérance, chacun de notre côté : nous verrons celui qui, le premier, se rapprochera de l'autre. Eh bien ! avec tous ces beaux raisonnements, que vas-tu faire? Tu n'es pas venu à Paris sans motif... ton but?

— Je veux parcourir la carrière des lettres, et d'abord m'assurer des moyens d'existence ; je ne souffrirais jamais que ma mère s'imposât des privations pour moi. Si je rencontre des obstacles, j'espère avoir la force de les surmonter ; si j'ai de mauvais jours, des jours de misère et de larmes, l'espoir soutiendra mon courage ; je sentirai mieux le prix du bonheur, après avoir essuyé l'infortune.

— C'est un triste métier que tu vas faire là, d'autant plus que je ne te crois pas homme à monter des cabales, et à quêter une clientelle de prôneurs pour tes ouvrages. Tu ne voudrais pas surtout, à l'exemple de nos auteurs du jour, rassembler autour de toi toutes les beautés d'un salon, y compris les laideurs, et, mollement étendu sur un canapé, t'enivrer d'applaudissements féminins... Au moins te faut-il des protections ?

— J'en aurai...

— Marche alors, fais gémir la presse; mais ne tombe pas dans le jésuitisme, tu te mettrais à dos la plus grande partie des lecteurs. Ah! ça, tout en bavardant, le temps se passe, et je pars demain. Il y a réunion ce soir dans ma chambre, cinq à six de mes amis, joyeux lurons, francs vauriens, riches en gaîté et en philosophie...... Nous aurons du champagne et des femmes... En es-tu ?

— Non.

— Pourquoi ?

— Tu m'as promis de te charger d'une lettre pour ma mère...

— Oui, mais cela ne me dit pas la raison de ton refus.

— Voici la lettre... Adieu.

— Oh! oh! quel ton de dignité qui s'offense! Est-ce vraiment du sérieux? quoi! tu refuses de dîner avec un ami, et cela à propos de femmes et de champagne!

— Il n'y a point d'amitié sans sympathie. Nos caractères sont opposés, nos goûts différents; tu marches dans la vie par un chemin tout autre que celui que je veux suivre : nous ne devons par conséquent nous rencontrer jamais. Tu veux me mettre en rapport avec tes amis, qui ne peuvent être les miens, avec des femmes de l'existence desquelles je voudrais pouvoir douter, femmes à l'âme de boue, dont le front n'a plus de rougeur, qui ont renié la décence, le plus bel apanage de leur sexe, qui livrent au premier venu leur corps souillé, et vendent, les sacriléges qu'elles sont, ce qui ne doit se donner qu'à l'amour.

— Je puis t'assurer que celles dont je te parle donnent tout et ne vendent rien.

— Quand j'ai voulu renouer notre ancienne amitié, Frédéric, je croyais trouver en toi mes idées de jeune homme, mon enthousiasme pour ce qui est beau, noble et grand, mon mépris pour ce qui nous rapproche de la brute, tue l'intelligence et le génie, la débauche enfin... je me suis trompé.

— En d'autres termes, tu te brouilles avec moi ? à ton aise... Je suis fâché que mon genre de vie ne te convienne pas ; mais, ne t'en déplaise, je n'y changerai rien, par la raison que je suis conséquent avec mes principes. Débarrassé de tous ces préjugés absurdes, plantés dans ton cerveau par les prêtres et ta mère, je mets à profit ma jeunesse. Nous verrons un jour qui de nous deux se repentira de son système. Je te laisse dans ta mansarde, où tu ne tarderas pas à mourir d'ennui ; je l'espère, et je compte là-dessus pour te voir revenir à moi. Si je te trouve le même à mon retour, je te proclame un phénomène !... Il est inutile de te faire de nouvelles instances pour t'amuser ce soir avec nous?

— Dis à ma mère que je n'oublierai jamais les leçons de vertu qu'elle m'a données.

— En voilà un qui est coiffé de bêtise! s'écria Frédéric lorsqu'il fut dans la rue. Ventre et tonnerre, quel cerveau fêlé!... Une femme serait le meilleur médecin pour guérir sa folie. Il est vrai que le malade fait le rétif; mais nous emploierons la ruse pour lui faire avaler le remède.

XII

Léonie à son frère.

Je te remercie, mon bon frère; tu as compris combien j'aurais été inquiète si tu ne m'avais pas donné de tes nouvelles aussitôt après ton arrivée, et tu t'es empressé de m'écrire; encore une fois, merci !

Le premier objet qui t'intéresse, c'est notre mère, n'est-ce pas, mon ami? C'est d'elle aussi que je vais te parler d'abord. Je ne lui ai pas montré ta lettre parce que ton langage est triste. Tu me dis que tu as pleuré... Elle aussi verse bien des larmes : elle ne voit plus son Alfred tendre et soumis, courant au devant de ses moindres désirs, écoutant avec respect tous ses conseils. Je m'efforce de la consoler de ton absence en redoublant d'amour, s'il est possible, en lui parlant de toi surtout, car tu es le sujet de toutes nos conversations.

Depuis ton départ, nous avions interrompu nos promenades sur le rivage. Je craignais que la santé de notre mère n'en souffrît. Hier, le ciel était serein, je l'ai décidée à sortir vers le soir. Nous nous sommes dirigées vers notre roche favorite, tu sais?... Jamais les flots n'avaient été aussi calmes... Rien qu'un léger murmure, un de ces soupirs de l'abîme apaisé qui invite les matelots à voguer sans crainte. Tu dois te souvenir qu'un jour, pendant que je cherchais des coquillages, tu t'es amusé à graver ton nom sur la roche. C'est la première chose qui a frappé les yeux de notre mère. Ces lettres lui ont rappelé que, naguère encore, son fils était près d'elle à ce même endroit. J'ai vu ses larmes prêtes à couler, je me suis jetée à son cou, et nous avons pleuré toutes deux...

Et nous sommes restées long-temps rien qu'à parler de toi.

La brise était tiède et caressante. On n'entendait que le bruit de quelques nacelles qui rôdaient silencieuses, ou le cri que pousse l'hirondelle de mer en trempant dans la vague le bout de son aile blanche. Et puis le ciel était si beau, les derniers rayons du soleil couchant se reflétaient si purs sur les flots argentés! C'était une de ces belles soirées que nous admirions ensemble. Il me semblait te voir encore avec nous; je t'entendais reproduire les émotions que ce spectacle faisait naître dans ton âme. C'était là, mon bon Alfred, que tu nous lisais tes vers, que tu nous racontais tes projets d'avenir. C'est encore là, je m'en souviens, que tu nous fis la première confidence de ton amour..., de cet amour qui nous a séparés!

Ne crois pas que je veuille te faire un reproche, mon frère, oh! non, pourvu que tu nous aimes toujours!

Je n'ai vu Maria qu'une fois : c'était à l'église. Elle était bien pâle, et, lorsque nos yeux se sont rencontrés, j'ai remarqué sur son visage une expression de joie. En sortant, son père l'attendait; elle n'a pu que me serrer la main. Mon Dieu! que de choses elle m'a dites par là!... C'est donc un bien terrible sentiment que l'amour, car ce serrement de main m'a fait comprendre qu'elle était malheureuse.

Alfred, écris-lui... Je tâcherai de lui faire passer ta lettre. Pauvre Maria ! ça lui fera du bien, j'en suis sûre... J'ai peut-être tort cependant; mais vous souffrez tous deux !

Son père ne sera pas toujours inflexible, tu le penses comme moi, n'est-ce pas, mon ami ? Et si cet homme puissant, à qui le général t'a recommandé, te protège, vous êtes sauvés !... Ne manque pas de l'aller trouver toi-même. Le général craint qu'il ne soit à la campagne : en tous cas, il reviendrait à Paris dans les premiers jours d'octobre. Mon cœur me dit qu'il te protègera.

Ne t'abandonne pas à la tristesse, mon frère ; ne t'ennuie pas trop dans ta mansarde. Puissé-je bientôt ne plus te sentir dans ce réduit qui doit être bien lugubre et bien sombre, si j'en juge d'après la peinture que tu m'en fais. Ce qui me cause le plus de peine pour toi, c'est que tu vas être privé d'un ami, de ce bon Frédéric, qui t'a servi de guide. Je lui en témoignerai ma reconnaissance lorsqu'il viendra nous voir. J'espère que tu ne le laisseras pas partir sans le charger d'une lettre pour moi. N'oublie pas non plus d'écrire à Maria.

Adieu, mon frère. Courage, espérance !

Léonie.

XIII

Orgie.

« Où va monsieur ? » cria d'une voix enrouée la portière de l'hôtel Nassau à un individu qui venait de passer, très impoliment, sans lui rien dire, en dépit de l'admonition tracée en gros caractères sur le devant de sa loge.

— Chez Frédéric Évrard....

— Encore un démon de plus! grommela la vieille femme; ils font là-haut un tapage infernal. Voilà trois fois que je monte pour les prier de se taire, et je n'y gagne que des injures. Ces monstres de carabins n'ont de respect pour personne.

En quelques secondes, le nouveau venu gravit trois étages, enfonce une porte plutôt qu'il ne l'ouvre, et se précipite au milieu d'une étourdissante réunion en jetant son chapeau d'un côté et sa canne de l'autre.

— Allons, s'écria-t-il, en accompagnant ses paroles d'un jurement énergique, j'arrive encore à temps : vous n'en êtes pas au champagne ?

— Nous t'attendions, Dutac.

— Je m'en aperçois.

— Il fallait arriver plus tôt. D'où viens-tu ?

— De l'hôpital Saint-Louis.

— A deux pas d'ici.

— Dis à deux lieues.... Hier, un pauvre diable a essayé la dureté de sa tête contre celle d'un mur, et j'ai eu la curiosité d'aller voir aujourd'hui l'opération du trépan, pour la décrire à mon père, et lui prouver ma science chirurgicale, dont il a la bonhomie de douter. Cette s..... opération a été d'une longueur!.... et moi qui avais eu la bêtise de m'offrir pour soutenir la tête du patient!... Pas moyen de s'évader. Heureusement, il a été assez poli pour décéder ; j'ai pris un fiacre, et me voici... Eh bien ! comment va l'appétit, ma grosse Aglaé?

— Fi! le porc!..... il a du sang plein les mains!

— Allons, ne recule pas ta chaise, nous les laverons.... s'il y a de l'eau, toutefois....

— Pas une goutte. Avec du bourgogne, si tu veux?

— Tudieu! quelle profusion!

— Rassure-toi. Dix-huit bouteilles vides, autant de pleines qui t'attendent! Je m'enfonce; mais c'est égal, mon père acquittera la carte.

— Et la belle-mère?

— Je l'enverrai au diable.

— Comment, vous n'avez pas encore coupé vos vilaines moustaches?... Finissez donc, monsieur!

— Tiens, ne s'imagine-t-elle pas que je la caresse?.... je m'essuie les mains.

— Après ma robe blanche, encore!... Paf!...

— Bien appliqué! cria-t-on de toutes parts.

— Oh! ce n'est qu'une gentillesse.

— Une gentillesse... excusez! ma joue est en feu. Aglaé, quand j'aurai quelques verres de champagne dans la tête...

— Un instant, je ne te la cède que demain.

— Frédéric, ce ne sont pas là nos conventions! s'écrièrent à la fois tous les convives, pas de restrictions!

— Soit.... Buvons toujours.

— A la résurrection du trépané!

— Il est bien mort.

— A la constance des femmes....

— Pas de ce toast! nous aimons mieux leur inconstance.

— A la déroute des jésuites et du roi Charles X.

— Au rétablissement des clubs et des fêtes de la Liberté, mes amis!

— Vive la République!

— Honneur aux sans-culottes!

— A bas le cafard, l'archevêque et les bigots!

— Alphonse, est-ce que tu veux habiller Juliette en déesse Raison?

— Elle se trouve mal, je la délace.

— Bon!.... et tu cherches sans doute si elle a des palpitations de cœur?

— Gare!..... le bouchon va partir..... à vos pièces!

— Es-tu mousseuse, Aglaé?... Allons, échanson femelle, à boire! et que l'on se prépare à me faire raison de certain soufflet....

— A moi, Frédéric!

— Prends donc garde, Dutac..... Au diable l'animal!

Un craquement se fait entendre : c'est la table qui se rompt.

Les cris et les rires prolongés font chorus avec

les bouteilles qui se cassent, les assiettes qui roulent et que l'on broie sous les pieds. Les chandelles éteintes et ensevelies sous les décombres, avec Aglaé et le carabin, permettent aux convives de se livrer sans retenue à la débauche la plus effrénée. Les femmes nues et échevelées passent successivement des bras de l'un dans les bras de l'autre, sans s'inquiéter à qui elles donnent, de qui elles reçoivent des baisers. Au silence succèdent les trépignements et les blasphèmes, les cris d'ivresse et de volupté. Pauvre Alfred, s'il se fût trouvé là !

Plusieurs fois déjà on avait frappé à la porte, et le bruit avait empêché d'entendre..... On redouble.

— Qui vive ? demanda Frédéric.

— C'est moi, répond une voix grêle.

— Vieille épouse de Belzébuth ! je t'envoie le trouver si tu nous troubles encore.

— Ce n'est pas ma faute, monsieur.... Un jeune homme vous demande en bas....

— Qu'il monte !

— Il ne veut pas....

— C'est mon imbécile d'Alfred. Mes amis, je descends; il faut que je vous montre cet original. Tâchez seulement de réparer un peu le désordre, pour ne pas l'effaroucher.

— Rapporte-nous de la lumière, des cigares et du rhum.... assez des femmes....

— Très bien!.... quand il est rassasié, il fait fi du repas.

— Ma robe !

— Mon fichu !

— De par le diable! ces femelles crient à vous assourdir.

— Va donc, écorcheur!

— Modérez-vous, ma tendre amie... un soufflet, dans les ténèbres, peut être bien appliqué....

— Brutal!

— Taisez-vous, bel ange, je vous rendrais ce que vous m'avez prêté.

— Bats-moi donc, monstre, ingrat!

— Encore! ma patience se fatigue....

— Hé! là-bas, point de querelles! ça trouble la fête.

— Une amende de cinq bouteilles à celui qui frappe le sexe.

— Adopté!

— Songe, Aglaé, qu'avec le prix de cinq bouteilles de champagne, je t'achèterais une robe...

— A moi, les amis! cria Frédéric en ébranlant la porte à grands coups de pied.

— Nous rapportes-tu du rhum?

— Ouvre toujours.

La lumière vint éclairer un singulier spectacle, une de ces étranges scènes d'orgie qui nous feraient rire si elles ne nous dégoûtaient, et si l'horreur qu'elles inspirent ne nous forçait à faire un triste retour sur la dégradation où l'homme peut tomber. Au milieu de la chambre étaient confondus pêle-mêle, les débris d'une table et de la vaisselle dont elle était chargée, des morceaux de volaille répandus çà et là dans des ruisseaux de vin; le tout entremêlé de robes, de châles et des différentes pièces qui composent la toilette d'une femme. Et, autour de tout cela, pour servir de fond au tableau, ricanaient des figures allumées par l'ivresse et la débauche, aux yeux étincelants, aux lèvres tachées de vin, des grisettes chiffonnées cherchant, dans ce désordre, leurs vêtements épars, en mêlant leurs rires bouffons aux rires des hommes qui les ont dépouillées.

— Juliette, aperçois-tu cette cuisse de dinde sur ta robe? C'est d'un effet charmant.

— Et le chapeau de Naïs qui est rempli de champagne!

— Ah, ah! il est gentil, ton domicile, Frédéric!

— Je savais fort bien, en vous invitant, que j'introduisais chez moi une horde de Vandales. Achevez la démolition, cassez, brisez, que m'importe? je pars demain.

— Et ton père paiera.

— Je n'ai qu'un regret : c'est de n'avoir pu vous montrer mon provincial. Tu sais, Dutac, celui dont je t'ai parlé?

— Oui, ce nigaud qui a refusé de venir trinquer avec nous; le même que j'ai entrevu l'autre jour.

— C'était lui qui m'attendait chez la portière....

— Et tu ne l'as pas amené?

— Ah, oui, certes!... tu connais l'homme, je te l'ai dépeint. Avec cela, la vieille lui a déroulé des jérémiades, et nous a fait passer pour de francs mauvais sujets.

— Pas possible!

— De sorte qu'il s'est empressé de me remettre ce papier et de s'enfuir à toutes jambes. Je crois, Dieu me damne! qu'il a fait un signe de croix.

— Prête-moi cette lettre, dit tout bas Dutac à Frédéric.

— Qu'en veux-tu faire?

— On connaît un individu par ses œuvres; donne... A qui est-elle adressée?

— A sa sœur.

— Raison de plus. On n'est pas hypocrite avec sa sœur; on lui dit ses pensées les plus secrètes..... Au fait, il est du pays, et comme, entre compatriotes, il ne doit pas exister de mystères, nous allons lire cela.

— Je le veux bien, à condition que tu rétabliras le cachet sans qu'il y paraisse. Attends que nous soyons seuls : rien ne m'assure de la discrétion des autres. Nous verrons du comique, je t'assure, s'il écrit comme il parle... Je tiens à le dégourdir, cependant; c'est mon ancien camarade de classe, et je souffrirais de le voir en butte à une risée continuelle. Ah!..... une idée lumineuse. Tu restes à Paris, toi..... voilà une jolie conversion à effectuer, mon cher, pour peu qu'Aglaé veuille s'en mêler....

— C'est une intrigue d'un nouveau genre.

— La nouveauté doit plaire à un roué de ton espèce.

— Va pour la conversion du provincial.

Cet entretien avait eu lieu à demi-voix, pendant que le reste de la société préparait son départ. Restés seuls, Dutac et Frédéric procédèrent à l'ouverture de la lettre. Elle en renfermait une seconde. Tous les secrets d'Alfred, son amour si pur, si candide, fut l'objet des sarcasmes des carabins. Frédéric prit copie de la seconde lettre, adressée à Maria.

— L'aventure n'est pas mauvaise! s'écria Dutac; cette jeune fille est précisément ma cousine.

— Tu plaisantes.

— Nullement, je t'assure. Je l'ai vue très souvent chez mon père avec ma sœur. Tous les ans, elle emmène Hortense à la maison de campagne d'une de ses tantes, et ladite campagne est située à deux pas de Valognes. En vérité, je me vois obligé de tirer l'oreille à ton camarade de classe, pour lui apprendre à séduire ma cousine.

— Tu lui avoueras donc que tu as décacheté sa lettre?

— Ah! diable!..... Je renonce à le corriger alors.

XIV

Qui doit être lu.

Le général Belmont, vieux soldat que les boulets autrichiens ainsi que les glaces du nord avaient épargné, passe tranquillement le reste de sa vie à fumer, au coin de son feu, le cigare de la Havane, à lire, pour la centième fois peut-être, l'histoire de la grande armée, et à faire tout le bien que son bon cœur lui suggère.

Le colonel Daniel et lui faisaient jadis une paire d'amis. Ensemble ils avaient commencé la carrière des armes ; ensemble ils étaient montés en grade ; tous deux, plus d'une fois, avaient affronté la mort aux côtés de cet homme auquel il suffisait de dire à un soldat : «Fais-toi tuer ! » pour que celui-ci s'empressât d'obéir et se crût trop heureux, quand une balle le frappait au cœur, de mourir sous un de ses regards, en poussant ce dernier cri plein d'enthousiasme et d'orgueil : « Vive l'Empereur ! »

Dans ces plaines glacées où tant de fils de la France sont restés ensevelis, lorsque des hordes barbares, aguerries aux frimats, tombaient à l'improviste sur nos légions mourantes, le colonel avait sauvé les jours de son ami. Ils s'étaient retrouvés ensuite à cette funeste bataille qui décida du sort de l'empire. Ce fut alors que l'éclat d'une bombe tua le père d'Alfred à deux pas du général.

Une larme coule encore sur la joue brunie du vieux guerrier, quand lui revient à l'esprit le souvenir de son frère d'armes.

Entre soldats, lorsqu'on se rend un service, on ne se dit pas merci; mais la reconnaissance n'en est pas moins vive : elle agit et ne parle pas. On échange une poignée de mains énergique, qui signifie : « A mon tour au premier danger! » Cette amitié qui se forme et se consolide au milieu des périls est généreuse, solennelle et sacrée. Des deux amis, si l'un succombe, l'autre reste pour veiller sur la veuve et les orphelins... Le premier meurt tranquille. Le général avait donc pourvu à l'éducation d'Alfred. Il le considérait comme son fils et s'était chargé de sa fortune; mais il voulait que l'on ignorât tout ce qu'il faisait pour lui, et qu'Alfred lui-même n'en eût, autant que possible, aucune connaissance. Il désirait le pousser dans le monde indirectement, sans influencer en rien ses goûts, persuadé, d'après sa propre expérience, que c'est une consolation de se devoir à soi-même une position sociale.

Quand Alfred avait parlé d'aller à Paris, le général n'avait blâmé son projet qu'afin de s'assurer s'il était capable d'une résolution ferme, laissant, du reste, au jeune homme toutes ses illusions, bien qu'il ne vît dans ses espérances de célébrité qu'une brillante chimère. Il pensait qu'Alfred renoncerait à sa première idée, dès qu'une autre carrière s'ouvrirait devant lui : c'est pourquoi il lui avait ménagé de puissants protecteurs. Quant à son amour, il le croyait tout bonnement un caprice, une affection passagère que les obstacles avaient rendue plus vive et qui se guérirait par l'absence. Dans le cas contraire, il se réservait de traiter plus tard de l'union des deux jeunes gens.

XV

Le Mariage à Saint-Roch.

C'est donc avec une lettre de recommandation du général qu'Alfred se présente à l'un des splendides hôtels de la place Vendôme pour solliciter audience. La cour est encombrée d'équipages que les laquais brossent et nettoient; les jockeys en habit rouge font caracoler des chevaux à noble allure qui piaffent et rongent leurs brides argentées, dans l'impatience de s'élancer hors d'une enceinte trop étroite pour leur ardeur; les femmes de chambre préparent les malles et parcourent avec précipitation les appartements : tout annonce un prochain départ. Un domestique auquel s'adresse Alfred lui répond que le duc n'est pas visible et part le jour même pour la campagne.

Le duc d'Étanges, sorti, comme tant d'autres, des rangs du peuple et placé sur le pinacle à l'aide des bouleversements politiques, avait su, par ses intrigues ou ses services, maintenir l'équilibre de sa fortune. Prodigieusement habile à se façonner aux variations du pouvoir, il avait porté, tour à tour, avec la même aisance et le même dévouement, le bonnet rouge, la cocarde tricolore et le cordon bleu, faisant actuellement aussi bonne contenance à la queue d'une procession, le cierge à la main, qu'autrefois aux clubs républicains ou à l'assemblée constituante. Nous ne voulons pas lui tourner à crime l'étonnante prévision dont il était doué pour connaître infailliblement l'époque de la décadence d'un astre, prévision qui l'aidait à saluer le premier l'apparition d'un autre soleil : c'est un talent astronomique d'une nouvelle espèce ; et, comme il est encore indispensable de prendre le masque de l'aristocratie pour déguiser un visage de fabrique plébéienne, nous ne le blâmerons pas non plus d'avoir recherché l'alliance d'une ancienne famille : c'est un caprice permis à un noble de fraîche date. Mais il nous permettra de trouver quelque peu de bizarrerie dans le choix qu'il vient de faire d'une épouse. Il nous semble que le duc d'Étanges, représentant du peuple en 93, diplomate sous l'empire, ministre enfin sous la restauration, titres glorieux sans doute, mais qui supposent une tête blanchie sous ces différents harnais, aurait dû porter ses vues sur une douairière de vieille souche, plutôt que de destiner à son lit une jeune fille de dix-neuf ans. Ceci passe, à notre avis, les bornes du caprice et nous croirions faire injure à ceux qui vivaient dans l'honorable intimité de l'ancien ministre, et nous supposions qu'aucune remontrance ne lui fut adresseé à ce sujet. Nous aimons mieux croire qu'il n'en fit aucun cas, et qu'il traita ce mariage aussi cavalièrement qu'il traitait autrefois une ordonnance ministérielle.

Toujours est-il qu'au jour où nous parlons il oublie ses habitudes septuagénaires et papillonne, le plus gracieusement possible, aux côtés de sa jeune épouse, qu'il vient de conduire à Saint-Roch pour y recevoir la bénédiction nuptiale. Il n'a pas remarqué, sans doute, ou bien il a interprété en sa faveur le trouble de la jeune fille, ses soupirs étouffés et ses larmes.

En quittant la place Vendôme, Alfred revenait par la rue Saint-Honoré. Il éprouvait un serrement de cœur dont il ne pouvait se rendre compte, et qui n'était que le résultat du contraste de sa situation personnelle avec ce qui venait de frapper ses yeux. Si l'on se trouve à la portée de la misère, la vue de la richesse fait mal... Et qui de nous, en parcourant ces quartiers du luxe et de l'opulence, n'a pas senti surgir dans son âme une émotion pénible? Qui n'a pas essuyé cette espèce d'humiliation tacite que vous fait subir la grandeur, lorsqu'elle étale à vos yeux l'impudence de son faste, promène son orgueil sur un char doré et vous éclabousse, vous, misérable piéton des rues, qui n'avez pas même la consolation de penser que votre mépris peut l'atteindre?

— Oh! disait le jeune homme, à quoi tient cependant le bonheur? Si j'avais une légère partie de ces richesses, Maria serait à moi : tandis que, pour arriver jusqu'à elle, il me reste à franchir tout l'espace qui sépare la pauvreté de l'opulence. Siècle impur! où il faut de l'or pour unir les cœurs! Eh! bien, j'aurai de l'or, car il est des voies honorables pour arriver à la fortune... Le travail et la constance y conduisent. Je verrai toujours, devant mes yeux, le prix qui doit couronner mes efforts; l'image de mon amante sera près de moi pendant mes longues veilles; elle m'encouragera dans la lutte que je dois peut-être soutenir contre l'adversité. Et si mes espérances de protection s'évanouissent; si pas un seul de ces hommes, parvenus au haut de l'échelle sociale, ne daigne jeter un regard sur moi, je ne me laisserai point abattre, dussé-je passer des années entières à souffrir!... Maria m'a juré de m'attendre... Bien plus, elle m'a juré de partager ma misère si le sort s'obstinait à me poursuivre... Oh! ma pauvre mansarde avec celle que j'aime serait préférable à tous ces palais...; je remercierais encore le ciel!

Une autre réflexion vint se joindre à celles que faisait Alfred en ce moment, ou plutôt elle en était la conséquence. Ses finances allaient être épuisées : que deviendrait-il alors?.... Avant tout, il est important de ne pas mourir de faim,

Il allait aviser au moyen de pourvoir à sa subsistance quand, arrivé en face du portail de Saint-Roch, il aperçut de brillants équipages qui stationnaient dans la rue Saint-Honoré et les rues adjacentes. Curieux, comme tous les nouveaux débarqués, il entra dans l'église avec la foule.

On allait célébrer un mariage.

Après avoir visité Notre-Dame, la haute et gothique cathédrale qui conserve toute l'imposante gravité du christianisme, venez à Saint-Roch, si vous aimez les contrastes; Saint-Roch, l'église à la mode, magnifique salon où se réunissent les catholiques de haut parage, où la religion, devenue mondaine, prend de coquettes et gracieuses manières; Saint-Roch qui reçoit, à ses jours de fête, les plus jolies femmes de la capitale, dans une enceinte réservée autour de laquelle se presse une galerie sémillante de fashionables, la lorgnette à la main; Saint-Roch, dont l'orchestre harmonieux a ravi plus d'une fois les habitués de l'Opéra, dont les prêtres, artistement frisés et poudrés, s'inclinent avec le plus charmant sourire quand une petite main blanche de duchesse a laissé tomber dans leur bourse brodée la pièce d'or destinée aux pauvres ; Saint-Roch enfin que nous appellerions le christianisme civilisé, si nous ne craignions de faire un blasphème... Vous en sortirez le cœur vide, en vous écriant peut-être : « Oh ! le joli spectacle ! »

Et vous ne serez pas tenté d'y retourner, car, spectacle pour spectacle, il vaut encore mieux être assis sur la banquette rembourrée d'une loge que de se tenir debout sur des dalles humides. Il est beaucoup plus simple d'acheter son billet au bureau et de payer son entrée tout d'un coup, que de tirer sa bourse cinq ou six fois pendant la représentation, lorsqu'une voix rauque de bedeau vient distraire votre oreille d'une brillante symphonie, en vous rappelant, avec discordance, *les pauvres, les morts* ou *les frais du culte*.

Si vous entrez dans une église, vous cherchez d'autres émotions que celles du théâtre. Votre âme, ennuyée du monde, a besoin peut-être de monter à Dieu, de se recueillir et de prier... Ce que l'œil demande alors, ce n'est pas un vain étalage de luxe, mais un simple autel comme aux premiers âges du christianisme, un prêtre, à cheveux blancs, qui vienne, en habits de lin, prier au nom de tous ; ce que l'oreille veut entendre, ce n'est pas une musique profane, qui rappelle les folles joies du siècle : c'est un chant grave et solennel, une voix du cœur s'élevant suppliante vers le Dieu des consolations, un soupir mystérieux de l'orgue qui porte au recueillement et au silence...

O religion du Christ, ce que les hommes t'ont faite !

Aux deux côtés de l'autel, de nombreux flambeaux brûlaient sur les candélabres dorés; de riches tentures entouraient les piliers de la nef, et l'on oubliait aisément le temple chrétien en apercevant, affiché de toutes parts, le blason ducal, et, dans le sanctuaire, une aristocratique réunion chamarrée de tous les signes distinctifs d'un rang supérieur ; des cordons bleus sur la poitrine des hommes ; d'élégants panaches sur la tête des femmes, et, derrière chacun des fauteuils où s'étalait cette noblesse, un chasseur de haute stature, se tenant majestueusement debout, la main droite sur la hanche, et le poignard au côté.

Dans la partie la plus avancée du chœur, une pauvre victime attend le sacrifice, pâle comme un linceul, sous la couronne de mariée, les diamants entrelacés dans ses cheveux noirs, et sa robe de satin. Bien des regards de pitié se tournent sur elle, de la foule surtout qui montre le plus de sympathie pour le malheur, et l'indignation générale retombe sur celui qui ne craint pas d'immoler, à quelque bas sentiment de son cœur, tant de grâce et d'innocence.

—Laure, compose mieux ton visage, mon enfant; tu as l'air de souffrir, et la bienséance exige...

— Ne suis-je pas prête à vous obéir, ma mère? J'accepte mon malheur avec résignation... Qu'exigez-vous de plus?

— Ton malheur?... ne prononce plus ce mot : tu me bouleverses l'âme.

—Oh! oui, mon malheur!... mais j'aurai du courage jusqu'au bout.

La messe était commencée: Laure s'agenouilla. Bientôt on vint la prendre pour la conduire aux pieds du prêtre. Elle était anéantie; un frisson glacé parcourut tous ses membres lorsqu'elle sentit glisser à son doigt l'anneau nuptial. De retour à sa place, elle se réveilla comme d'un songe, mais d'un songe dont l'affreuse réalité lui arracha un cri de douleur... Sa mère et son époux, en s'approchant d'elle, la trouvèrent évanouie.

Et le prêtre termina sa messe en demandant à Dieu de répandre ses bénédictions sur les nouveaux époux !

Laure avait été emportée mourante dans sa voiture, qui vola rapidement à la place Vendôme. On se munit de sels pour la tirer de son évanouissement... Et, dans l'avenue des Champs-Elysées, on vit passer, peu de temps après, les jockeys en tête, un élégant cortége de voitures. C'était le duc d'Etanges qui se rendait à sa campagne, pour y goûter en paix les douceurs des premiers jours de l'hyménée.

— L'infâme ! murmurait Alfred en voyant le duc soutenir dans ses bras la mariée évanouie. Oh ! l'infâme vieillard ! il n'a pas senti que cette jeune vierge consommait son malheur en marchant à l'autel ; il n'a pas compris qu'elle, avec son jeune cœur, ne pouvait l'aimer, lui si vieux, si près de la tombe !... L'ange entre les griffes de Satan !... l'araignée sur une fleur !

En passant près d'un groupe, il entendit la conversation suivante.

— Tu connais la mariée, Dutac?

— Parbleu! si je la connais, Laure de Bessière?... j'ai joué tant de fois avec elle dans mon enfance! elle sort d'une antique et noble famille. Imagine-toi que mon père, médecin du château, m'emmenait souvent avec lui dans les fréquentes visites qu'il y rendait, et moi, je partageais les jeux de la petite châtelaine. Diable! elle est devenue jolie femme.

— Comment se fait-il qu'on l'ait donnée à ce vieux duc d'Etanges?

— Madame de Bessière, qui a perdu la plus grande partie de ses biens à la révolution, et dégoûtée de son manoir en ruines, gagne à cela dix mille livres de rente viagère et le séjour de la capitale, qui ne laisse pas d'être attrayant pour une vieille femme... Bien d'autres vendraient leurs filles à ce prix.

— Etes-vous bien sûr que ce soit le duc d'E-tanges? dit Alfred avec empressement à celui qui parlait.

— Pour me faire une pareille question, mon camarade, vous ne l'avez donc pas examiné, car il n'y a qu'un homme de cette espèce en France... Mais, je ne me trompe pas, se dit à lui-même le carabin... C'est mon provincial !

— Merci de la protection d'un pareil homme! fit Alfred en s'éloignant. Je le méprise trop pour rien accepter qui me vienne de lui. Je vais faire un recueil de mes poésies, et, si quelque éditeur me l'achète, comme je l'espère, l'argent que j'en tirerai me donnera la facilité de travailler à un autre ouvrage. Une fois en pied dans la littérature, je n'aurai plus besoin de protecteurs.

Il regagna son quartier sans remarquer qu'il était suivi. Une lettre l'attendait; il s'empressa de l'ouvrir et vit qu'elle contenait un billet de banque, avec ces mots :

« Une personne qui s'intéresse à vous, mais
« qui veut garder l'anonyme, me charge de
« vous remettre cinq cents francs. Je les ai ren-
« fermés sous ce pli.

« L***, banquier. »

— Quelle chienne de course ! s'écria Dutac. L'autre étourdi qui me charge d'une conversion sans me donner l'adresse de mon futur néophyte !... Enfin je sais où il demeure ; mais Aglaé ne voudra jamais se loger là.

XVI

Digression.

Le lecteur s'est demandé, plus d'une fois sans doute, pourquoi, dans notre siècle, tant de jeunes gens ayant tout ce qu'il faut pour réussir, de l'éducation, des talents naturels, une conduite régulière et des sentiments d'honneur, sont parvenus à cet âge où tout homme doit justifier d'une position sociale, sans avoir embrassé aucune carrière, sans que rien leur ait montré le but vers lequel ils doivent se diriger.

Il est à Paris plus de quinze mille jeunes gens sans place, sans avenir, et dont personne cependant ne met en doute la capacité. Calculez ce qu'il doit y en avoir dans le reste de la France, et vous conviendrez avec nous, que de nos plaies sociales voilà, peut-être, la plus profonde.

« Où est la cause de ce mal? quel en est le remède? »

Il y a quelque temps, une réunion philanthropique, présidée par une de nos célébrités littéraires, proposait cette question que nous ne prétendons pas résoudre. Néanmoins, le mal nous paraît prendre sa source dans un abus qui existe depuis bien des années, et qui s'accroît de jour en jour : c'est qu'il n'est pas de parents, tant soit peu aisés, qui ne donnent à leurs fils une éducation brillante. Dieu nous garde de préconiser l'ignorance! nous sommes convaincus, plus que personne, que l'instruction des masses est essentielle à la prospérité d'un pays. Mais pourquoi n'est-elle pas mieux proportionnée aux différents besoins, aux différents états? On veut mettre ses enfants au dessus de la médiocrité paternelle, et cette ambition couvre la surface du pays d'une jeunesse innombrable, méprisant les moyens ordinaires de parvenir à la fortune, et voulant, à tout prix, atteindre aux emplois supérieurs. L'éducation donne à ces jeunes gens la fierté d'âme si naturelle à ceux qui sentent ce qu'ils valent; ils croiraient s'abaisser en se livrant à une occupation manuelle, en prenant un métier; les approches de la faim ne leur laissent d'autres ressources que la révolte ou le suicide.

Nous dirons maintenant : puisque le mal existe, c'est au gouvernement à y trouver un remède. Les hommes qui se placent à la tête de la société doivent prévoir tous les accidents propres à occasionner des troubles, et jamais ils ne nous feront croire qu'ils ne possèdent pas les moyens d'activer cette jeunesse bouillante. Refoulée dans ses espérances, elle ne manque jamais de saluer le drapeau de la révolte, toutes les fois qu'il se lève contre le pouvoir régnant. C'est en grande partie le jeune sang français qui, dans nos émeutes, teint le pavé de la capitale, et plus d'une baïonnette s'est retirée fumante d'une poitrine de jeune homme où battait un noble cœur.

Au lieu d'ouvrir un lit au torrent, on veut lui imposer des digues; on comprime cette fougueuse énergie de la jeunesse, plutôt que de la diriger vers l'intérêt de la patrie. Qu'en résulte-t-il? Les factions s'organisent, l'émeute gronde dans la rue, et c'est avec la voix du canon qu'on étouffe sa voix. Ceux que les balles n'ont point atteints sont entassés dans des cabanons infects, où, grâce aux indignes traitements qui les exaspèrent, leur haine se change en rage. Ils en sortent pour donner au monde l'effrayant spectacle d'un criminel crachant à la face de son juge.

Et du moins ils ont fait parler d'eux!..... Ils s'en félicitent avec ce fanatisme politique contre lequel la mort n'a point de terreurs. Leurs accents d'indignation éclatent sous les voûtes judiciaires, et, quoique chargés de chaînes et gardés à vue par les sbires, ils font trembler ceux qui les ont cités à leur barre; ils réveillent au fond des consciences de vieux souvenirs de trahison et de crimes. Les murailles reproduisent les taches d'un sang qui demande vengeance, et les fantômes des victimes, évoqués par leur voix accusatrice et solennelle, viennent épouvanter, sur leurs siéges dorés, ces vieillards qui n'ont pas honte de condamner à la pourriture des cachots le plus bel espoir de la France.

Que leur importe la mort ?... La société les a rejetés de son sein; ils ont trouvé fermée l'issue de toutes les carrières, parce que, pauvres, ils n'ont pu satisfaire au monopole effronté qui envahit tout en France : leur unique ressource a été dans le bouleversement de l'ordre social.

Quant à ceux qu'un caractère plus pacifique n'a pas entraînés dans l'opposition, ils n'ont à subir ni les tortures des cachots, ni la barbarie des geôliers; mais la misère, plus cruelle, plus effrayante, la misère avec la faim, les haillons et l'opprobre, la misère les attend.

Car ÉGOÏSME et SPÉCULATION, voilà la devise actuelle : supplanter ses rivaux, abaisser le mérite naissant, vendre tout, commercer sur tout!... Lorsqu'on a le malheur de vivre dans un pareil siècle et de lutter, seul, avec une âme généreuse et pure, contre tant de viles passions, il est tout simple de chercher un asile dans la mort.

Les jeunes gens le plus à plaindre sont encore ceux qui, à l'exemple d'Alfred, veulent se faire un nom dans la littérature. Qu'ils se tiennent pour avertis que tous les efforts de leur talent viendront échouer contre l'intrigue et la cabale. Nous ne pouvons mieux prouver cette assertion qu'en reproduisant ici le fragment d'une lettre qui nous fut écrite après la mort d'un jeune poète que le désespoir a tué.

Ce fragment le voici :

« J'attendais N*** devant mon feu. A huit heures du soir, il arriva comme il me l'avait promis. Je m'empressai de lui demander des nouvelles d'un poème auquel il travaillait depuis cinq ans, et qu'il avait dû lire, ce jour-là, devant une assemblée d'hommes de lettres. Ainsi l'avait exigé son éditeur, le seul, du reste, qui lui eût montré de la bonne volonté. Le jugement des experts devait décider de l'impression ou du rejet définitif de l'ouvrage.

« Sans répondre à mes questions, il prit une chaise et s'assit. Sa figure avait une expression singulière, et pendant quelques minutes, il parut plongé dans des réflexions dont il m'eût été difficile de déterminer la nature. Enfin, comme poursuivant le cours de sa pensée, il me dit :

« Je m'en souviens, vois-tu, comme si c'était d'hier... Il peut y avoir de cela seize à dix-sept ans; j'en avais neuf alors, et je jouais avec un épagneul, dans la cour de la maison de mon père... Oh! ne ris pas! les circonstances les plus ridicules en apparence influent souvent d'une manière terrible sur la destinée de l'homme!.... J'avais si bien agacé ce chien qu'il m'emporta un pan tout entier de mon habit, un peu mûr à la vérité, mais qui, d'après une décision maternelle, devait durer jusqu'à l'automne. Ceci se passait au printemps. Le maudit épagneul, que son exploit avait mis en gaîté, sautait dans toute la maison, avec ma dépouille entre ses dents. Mon père l'aperçut, et la vue de ce lambeau de drap qui, avant d'être destiné à mon usage, avait honorablement figuré sur sa personne, lui fit prendre sur-le-champ la détermination de mettre un terme à mes jeux d'enfant. Le jour même on prépara mon trousseau, et, le lendemain, je fus installé chez un vieux curé du voisinage, où je commençai à apprendre le latin, tout en servant sa messe et en faisant enrager sa gouvernante.

— « Où en veux-tu venir? lui demandai-je.

— « Mon père me destinait au commerce : ce vieux prêtre l'en détourna et l'engagea fortement à me faire étudier, sous prétexte qu'il avait reconnu chez moi des dispositions merveilleuses, et que je pourrais devenir un jour l'ornement et la gloire de l'église. Je quittai donc le presbytère pour le collége, où l'on crut que j'aurais plus d'émulation, et, quelques années après, on me fit entrer au séminaire.

« Ce genre de vie ne s'alliait nullement avec mes inclinations. Quatre années passées dans la solitude ne purent me faire perdre l'idée de chercher un état plus conforme à mon caractère. J'avais beau manifester à mes parents toute ma répugnance; leur plan était arrêté : il fallait que je fusse prêtre. Enfin voulant échapper, une fois pour toutes, à des sollicitations presque tyranniques, je quittai le froc et je vins à Paris.

« Voilà mon histoire en deux mots. Engagé jusqu'à vingt ans dans une fausse route, il m'a fallu revenir sur mes pas, et les voies que j'ai tentées depuis n'ont pu me conduire à rien, puisqu'il faut de l'argent avant tout. Il est de convention que le génie ne doit pas habiter la mansarde !

— « Puis, se levant tout à coup, il se prit à marcher à grands pas dans la chambre. J'avais compris son malheur, et je craignais pour lui les premiers moments de son désespoir.

— « Oh! combien je la maudis, s'écria-t-il, cette aveugle puissance de l'or qui place au dessus de vous l'idiotisme enrichi, le crime heureux, la fatuité, la bassesse! Cette foule égoïste et stupide de parvenus qui vous pressent, vous étouffent, vous bornent de tous côtés, vous forcent à ramper dans une sphère étroite quand il est en vous quelque chose qui vous crie : « Marche!... » Et marchez donc aujourd'hui que de nouveaux obstacles vous font trébucher à chaque pas; qu'il ne vous est permis d'arriver à rien sans fortune préalable; que ceux qui ont atteint le but se tiennent continuellement aux aguets pour vous en défendre l'approche! Comme votre cœur bondit quand, après vous être abaissé jusqu'à mendier une protection, vous n'obtenez pour réponse qu'un dédaigneux silence!.... Vous maudissez tout, le ciel, les hommes, vous-même... Après avoir vu le dernier de vos efforts se briser contre l'écueil, il faut mourir!

— «Allons donc, m'écriai-je, pourquoi parler de mourir? tu ne me convaincras jamais qu'il ne te reste plus d'espérance.

— « Il est une borne à laquelle doivent s'arrêter tous les efforts de l'homme : je suis arrivé là... Ma seule perspective est la misère; mon seul choix, la mort ou une vie stagnante dans l'ornière commune. Or, ajouta-t-il avec un ricanement qui me fit frémir, tu ne voudrais pas, j'imagine, que je me misse décrotteur ou chiffonnier? Je sais qu'il me restera toujours assez de ressources pour ne pas mourir de faim; mais je n'en veux pas. D'autres peuvent appeler ce refus ORGUEIL... Toi qui me comprends, tu ne me feras pas cette injure. Après tout, est-ce ma faute, si des circonstances indépendantes de ma volonté ont développé en moi des sentiments que je n'aurais jamais éprouvés, si l'éducation que j'ai reçue me donne cette fierté d'âme dont je ne suis pas le maître!... Plutôt que de descendre trop bas, je choisis la mort!

— « Mais il te reste des amis, une famille.....

— « Mes amis ne peuvent rien pour moi. — Il me serra la main avec émotion. — Quant à ma famille, je lui pardonne, mais je n'irai pas lui demander des secours. L'enfant peut exiger aide et protection de ceux qui lui ont donné la vie... L'homme doit se suffire à lui-même. Si la fatalité le poursuit et fait échouer toutes ses tentatives, eh! bien, qu'il obéisse à l'impulsion de la fatalité !

« Tirant alors un manuscrit de sa poche, il courut au feu et le précipita dans les cendres. Je m'élançais pour sauver son poëme...

— « Arrête! s'écria-t-il en me retenant avec force, j'accomplis leur tâche! ce sont eux qui l'ont condamné au bûcher!... Ne les ai-je pas vus sourire de pitié quand je lisais mes vers, rester froids devant mes plus belles inspirations?...

« Et ses yeux suivaient avec délire chacune

des évolutions de la flamme autour du malheureux poëme.

— « Comme il serait beau pour eux cet AUTO-DA-FÉ, ajouta-t-il en riant aux éclats, mais d'un rire qui faisait peur; comme ils battraient des mains!... Car je l'ai vu, il y avait de la jalousie sur leur front... s'ils l'ont repoussé du pied, couvert de boue, sais-tu pourquoi?... Je le sais, moi, je le sais!... Après ma mort, quand je ne serai plus à craindre, ils exhumeront mon cadavre pour le prôner. Brûle, fruit de mes veilles, toi que j'ai caressé pendant cinq ans de si beaux songes, et qui ne peux m'arracher à la misère; enfant si péniblement conçu, qui meurs avant d'avoir vu le jour; brûle!... et qu'avec toi périssent ma dernière illusion, mon dernier rêve de gloire!

« Le manuscrit n'offrait plus que des cendres. N*** se retourna vers moi; le calme lui était revenu.

— « Adieu! me dit-il, le seul bien qui m'attachait à la vie vient de se rompre. Courage, ami! puisses-tu, après avoir consacré au travail tes nuits et tes jours, ne pas voir arriver l'heure où tu sois forcé comme moi de renoncer à la vie et de jeter, en mourant, une malédiction sur la terre!

—« Je voulais le suivre à toute force : il me dit qu'il ne regardait pas mes instances comme une marque d'amitié. Je pleurais, lui m'embrassa d'un œil sec : « Adieu! me répéta-t-il. »

— « Au moins, m'écriai-je, tu me promettras de différer jusqu'à demain l'exécution de ton projet de suicide, et de ne pas agir ainsi sous l'impression du moment ?

« Il me le promit. Le lendemain je courus de bonne heure chez lui : il était déjà sorti. Toutes mes recherches, pendant trois jours, pour le découvrir, furent inutiles. Enfin je le retrouvai... mais c'était à la Morgue!

« Et les journaux rapportaient qu'un jeune

poète, de la plus belle espérance, s'était jeté à la Seine. On ignore, ajoutait-on, le motif d'un pareil acte de désespoir. Un poème de lui allait être livré à l'impression, et cet ouvrage, dont malheureusement on n'a pu retrouver la trace, avait mérité à son auteur les éloges de nos écrivains les plus distingués. » « On citait ensuite un fragment du poème de mon malheureux ami. Je le reconnus pour un de ceux qu'il avait présentés, dans le temps, à plusieurs journaux, sans avoir jamais pu en obtenir l'insertion. »

XVII

La chambre d'une jeune fille.

Les rayons du soleil n'y pénètrent qu'à travers un voile de gaze et viennent folâtrer sur les rideaux de la couche virginale. Ces rideaux éclatants de blancheur tranchent doucement sur un fond de tapisserie bleue comme un léger nuage sur l'azur du ciel, et donnent quelque chose d'aérien à cet asile de l'innocence, mystérieux sanctuaire dont l'entrée est interdite aux profanes, et que jamais pied d'homme n'a foulé.

Au côté droit du lit est un prie-dieu, meuble que l'on ne retrouve plus guère qu'au fond de nos provinces, où la prière n'est point encore passée de mode. Vers le milieu de la chambre, en face d'une cheminée en marbre blanc, ornée de fleurs fraîchement cueillies et placées dans des vases de cristal, se trouve un piano d'une forme gracieuse, au dessus duquel une harpe est suspendue. Enfin, près de la fenêtre, sur une table en noyer, sont des crayons et un dessin représentant une tête de jeune homme, dont le regard exprime la douleur et semble dire un dernier adieu. Cette tête est dessinée d'imagination, car on n'aperçoit pas de modèle, ou plutôt c'est le portrait d'un amant qu'une jolie main a reproduit : il est si facile de rendre les traits de celui qu'on aime, lorsque son image est gravée dans le cœur !

La déité de ces lieux est assise à son piano. C'est une de ces beautés vaporeuses qui ne semblent tenir à aucun lien, tant elles sont fines et dégagées, réalisation du rêve d'un poète, seul modèle qu'il nous soit permis de choisir lorsque nous voulons peindre un ange. Cette jeune fille a quelque chagrin dans l'âme, car ses jolis doigts, en roulant sur le clavier, ne tirent que des sons mélancoliques, pareils à l'écho lointain d'une voix qui pleure; et, quand une note s'est exhalée plaintive et langoureuse, elle s'arrête jusqu'à ce que le son soit éteint, comme pour ne rien perdre de sa tristesse. De temps en temps, son œil bleu se tourne vers le dessin commencé et laisse échapper une larme.

Elle se lève et va s'asseoir près de la fenêtre, qu'elle entr'ouvre.

Le soleil venait de se coucher et colorait l'horizon de ce reflet rougeâtre, présage assuré d'un beau lendemain. Comme ce jour était un dimanche, des groupes de promeneurs revenaient des hameaux d'alentour, par une avenue de tilleuls dont les cimes touffues se dessinaient à l'occident, sur un ciel illuminé par la douce lueur du crépuscule. La société des promeneurs n'était pas, il faut le dire, admirablement composée. C'étaient, en grande partie, des militaires chantant de joyeux refrains de caserne, des matelots que la bouteille de cidre avait mis en gaieté, et qui poussaient de gros éclats de rire en serrant la taille à quelque Normande égrillarde, affublée, ce jour-là, du cotillon d'indienne et du fichu brodé, et dont le bonnet pyramidal contrastait singulièrement avec la coiffure écrasée des marins. Ces clameurs, apportées sur la brise du soir, n'avaient rien qui pût choquer l'oreille, l'éloignement ne permettant pas de distinguer les jurons des soldats, ni les grossiers quolibets des matelots.

A gauche, sur une petite éminence, on découvrait les constructions du port, au dessus desquelles s'élançaient les mâts des vaisseaux de guerre. Tous ces objets, à demi voilés par une brume transparente, ressemblaient assez à une vaste cathédrale avec ses dômes et les flèches aiguës de ses clochers.

De gracieuses corvettes montées par des officiers de marine, après avoir circulé quelque temps autour des masses immobiles des gros navires, comme pour se moquer de leur pesanteur, finissaient par s'aventurer dans la rade et se mêlaient à un nombre infini de chaloupes ornées de banderoles flottantes, où se pavanaient de jolies dames qui n'avaient pas craint d'exposer leurs brillantes toilettes aux éclaboussures des flots, voulant profiter des derniers beaux jours pour faire une promenade sur mer. Les officiers, en passant devant elles, ôtaient poliment leurs chapeaux galonnés, et recevaient, en échange de ce salut, le plus aimable sourire.

C'était un magnifique spectacle que cette

foule de petites embarcations volant sur les flots, se croisant en tous sens, tantôt repliant leurs voiles, et tantôt les ouvrant à la brise comme un oiseau fait de ses ailes. Un peu moins de gaîté, quelques chapeaux rabattus sur les yeux, des lames de poignard aux côtés, des masques aux visages, et l'on voyait une promenade sur les lagunes, on était à Venise.

Maria cependant restait insensible à ce spectacle. Le cœur de la jeune fille souffrait, et les accents joyeux qui lui arrivaient de la terre, joints au chant des bateliers dans la rade, ne pouvaient dissiper sa tristesse. Ses yeux ne s'étaient pas même arrêtés sur le vivant paysage qui s'étendait devant elle : ils restaient mélancoliquement fixés au bas de sa fenêtre, dans le jardin de son père, sur un tertre de gazon qu'ombrageait une touffe de chèvre-feuille.

— C'est-là, disait-elle, qu'Alfred m'a fait ses adieux. C'est là qu'il a reçu ma foi et m'a donné le titre d'épouse, en face du ciel, où nos serments sont écrits. Chaque instant du jour évoque une pensée pour mon amant, chaque heure de la nuit, un rêve où je le vois souvent malheureux. Hélas ! près d'un mois s'est écoulé, et je n'ai pas encore reçu de ses nouvelles !..... Je ne puis vivre plus long-temps dans cette incertitude ; je veux partager ses espérances, ses chagrins, s'il en a ; je veux être sûre qu'il m'aime toujours..... Oui, mon Alfred, tu m'aimes ; ta bouche était sincère en m'exprimant ta tendresse ; et puis, tes larmes, ton désespoir..... Douter de ton amour ? Oh ! non ; mais j'ai besoin de parler de toi. Léonie connaît le secret de mon cœur, seule elle pourra m'adoucir ton absence. O mon Dieu ! pardonnez-moi si je désobéis à mon père ! Ses droits ne peuvent s'étendre jusqu'à me rendre malheureuse, et je mourrais s'il fallait renfermer dans mon sein toute ma tristesse, si je n'entendais plus parler de celui que j'aime...

La jeune fille referma la fenêtre; ses larmes coulaient en abondance à la pensée qu'elle allait, encore une fois, désobéir à son père; mais elle n'avait pas la force de résister au désir de voir Léonie. Une occasion favorable se présentait le soir même. Il y avait salut à l'église paroissiale, et Maria savait que son amie s'y rendait presque toujours seule, pendant que madame Daniel préparait le souper. Elle était donc décidée à aller au salut. Sa bonne entra dans sa chambre en lui annonçant qu'il était l'heure de partir.

Thérèse était une grosse fille approchant de la quarantaine. M. Berthier, dont les goûts étaient simples, n'avait que cette domestique qui accaparait à elle seule les emplois de femme de chambre et de cuisinière. C'était le *fac-totum* du logis. Malgré ses nombreuses occupations, Thérèse avait trouvé le loisir de s'engraisser, car elle était toute ronde, et sa figure annonçait qu'elle ne perdait pas son temps à l'heure des repas. Elle avait pour son maître et sa jeune maîtresse un attachement qui croissait de jour en jour avec son embonpoint. Il était pourtant à désirer que ces deux choses ne continuassent pas à aller de pair ensemble, sous peine, pour Thérèse, d'étouffer d'un excès de santé. Il faut dire encore que cette bonne fille avait pour Maria l'affection d'une mère, ce qui n'excluait pas un respect sans bornes et une aveugle soumission. M. Berthier lui-même aurait couru grand risque d'être désobéi, s'il eût donné, en quoi que ce fût, des ordres contraires à ceux de sa fille.

Maria n'avait pas coutume d'aller au salut; mais Thérèse ne crut pas devoir se permettre la moindre observation. Pourtant, après l'office, il se ferait tard, le souper ne serait pas prêt à l'heure prescrite, et M. Berthier gronderait..... Tant pis! Les désirs de sa maîtresse étaient des ordres pour elle. Tous les coups de cloche furent scrupuleusement comptés, et le dernier sonnait en même temps que Thérèse entrait dans la chambre.

Déjà plusieurs fois elle avait cru s'apercevoir que son enfant, comme elle l'appelait, devenait triste et rêveuse. La discrétion de Thérèse n'était pas si grande qu'elle ne s'étudiât à deviner la cause de ce chagrin. Ce qui l'étonnait, c'était que la jeune fille, confiante avec elle jusqu'alors, lui eût caché la cause de sa tristesse. Souvent elle avait été sur le point de la questionner; mais jugeant, d'après le silence de Maria, qu'elle voulait garder le secret, elle avait résolu de ne pas lui faire de demandes indiscrètes. Cependant lorsqu'elle la vit tout en pleurs, elle oublia sa résolution.

— Mon Dieu! ma chère enfant, s'écria-t-elle, qu'avez-vous donc pour vous chagriner ainsi? Est-ce qu'il vous serait arrivé quelque malheur?

— Partons, ma bonne Thérèse, partons !..... Oui, je suis malheureuse, parce que j'ignore ce qu'Alfred est devenu... Mais je verrai Léonie ce soir au sortir de l'église... Garde-toi bien de le dire à mon père!

— Soyez tranquille, mademoiselle. Est-ce que je lui dis jamais rien de ce que vous me confiez? Abaissez votre voile, mon enfant, car il fait jour encore, et l'on verrait que vous avez pleuré!

— Je ne sais comment je ne m'en suis pas doutée plus tôt, pensa Thérèse en s'acheminant vers l'église avec Maria : cette tristesse n'était pas ordinaire, il fallait bien qu'il y eût quelque chose là-dessous. Par exemple!..... Les jeunes filles deviennent discrètes quand elles commencent à aimer. Voilà des amours en train depuis long-temps... et je n'en savais pas un mot...

XVIII

Mieux vaut tard que jamais.

Maintenant, si le lecteur veut rétrograder avec nous, nous allons lui apprendre, en peu de mots, quelle fut l'origine des relations d'Alfred et de Maria. Il dira peut-être que nous aurions dû lui donner ces éclaircissements avant de faire agir et parler nos personnages; mais nous le prions d'accepter pour excuse l'impossibilité où nous nous sommes trouvés d'intercaler ce chapitre au milieu de ceux qui précèdent. Dans la supposition où cette raison, toute bonne qu'elle est, ne serait point reçue, nous recourons à notre titre : MIEUX VAUT TARD QUE JAMAIS. Ce vieil adage, dont la vérité est généralement reconnue, nous paraît une justification suffisante.

A l'époque où les jeunes gens se firent leurs adieux avec une si grande effusion de tendresse, il y avait tout au plus six mois qu'ils se connaissaient. Depuis cinq ans, M. Berthier avait quitté le Hâvre; mais Alfred, qui étudiait au collége de Saint-Lô, ne revenait à Cherbourg qu'au moment des vacances, et, précisément alors, Maria se trouvait à la maison de campagne d'une vieille tante chez qui, tous les ans, elle allait passer l'automne. Ainsi, quoique Maria et Léonie fussent intimement liées ensemble, Alfred ne connut l'amie de sa sœur que pendant les quelques mois qui précédèrent son départ pour Paris. Alors il la voyait fréquemment, et l'amour avait fini par s'emparer de ces deux jeunes cœurs sans que les parents, assez aveugles pour l'ordinaire, se fussent aperçus de rien. Lorsque cette affection parvint à leur connaissance, il n'était plus temps de chercher à la détruire; et les raisons de convenance qui s'opposaient à un mariage, non seulement ne purent être goûtées par les amants, mais ne servirent qu'à allumer davantage en eux le désir d'être unis l'un à l'autre.

Tous les soirs, Maria se rendait chez madame Daniel avec son ouvrage de broderie. On se réunissait, en petit comité, autour d'une table ronde. Alfred faisait une lecture pendant que les deux jeunes filles brodaient, et que madame Daniel raccommodait le linge du ménage. Quand on avait donné assez d'instants au travail sérieux, on faisait de la musique. Maria, qui avait une très belle voix, chantait en s'accompagnant sur le piano, et souvent Alfred recevait des reproches de la jolie musicienne, parce que, au lieu de suivre la note et de tourner à temps le feuillet, il rêvait à tout autre chose et occasionnait ainsi des lacunes dans l'exécution. Maria, pour le punir, transférait à Léonie la charge confiée d'abord à son frère, ce qui était loin de chagriner celui-ci, car alors il pouvait s'enivrer à son aise des sons d'une voix qui lui allait au cœur, et contempler les traits charmants de son amie, qui reproduisaient, tour à tour, les diverses impressions que la musique faisait naître en elle.

On conçoit que deux jeunes gens dont le caractère sympathisait sous tous les rapports, tous deux avec une âme sensible, ne devaient pas tarder à s'aimer. Alfred aima Maria dès qu'il la vit. Au premier abord, elle offrait tant de charmes, tout son extérieur avait quelque chose de si angélique qu'il était impossible de ne pas se persuader qu'un si beau corps devait être l'enveloppe d'une belle âme. Le cœur de la jeune fille parla plus lentement : elle osait à peine lever les yeux sur Alfred qu'elle n'avait jamais vu. Mais la voix du jeune homme était si douce... et puis c'était le frère de son amie! Elle rougit d'abord en rencontrant le regard d'Alfred qui s'arrêtait sur elle avec langueur, et peu à peu ses yeux répondirent à ce langage muet de deux amants qui s'aiment sans se l'être dit encore.

Quand donc les premières paroles d'amour furent prononcées, leurs cœurs s'étaient déjà compris. Un soir que madame Daniel était absente, et que Léonie avait quelques occupations dans la pièce voisine, Maria vit sans colère Alfred à ses genoux; elle abandonna sa main aux baisers de son amant, et sa bouche naïve ne balança pas à lui répondre par de tendres aveux. Dès lors ils se livrèrent sans réserve au bonheur d'aimer, saisissant toutes les occasions de se parler sans témoins et s'écrivant pour se dédommager d'une contrainte inattendue. L'idée que l'on apporterait des obstacles à leur union était si loin de leur esprit, qu'aussitôt que Maria proposa à

Alfred de parler à M. Berthier de leur affection mutuelle, le jeune homme s'empressa de se rendre au désir de son amante et demanda naïvement la main de Maria à son père.

Un premier amour est confiant et aveugle. On n'entrevoit pas la possibilité de perdre l'objet de sa tendresse, et les considérations de rang et de fortune ne peuvent subsister devant cette intime conviction que l'on est né l'un pour l'autre. Maria, fille unique d'un riche armateur, ne pouvait, d'après les calculs de la cupidité, devenir l'épouse du fils d'une pauvre veuve. Aussi M. Berthier se garda-t-il de laisser Alfred dans l'illusion à cet égard, et se moqua-t-il presque du pauvre jeune homme lorsque celui-ci lui développa ses projets poétiques. D'ailleurs il avait d'autres vues; le fils de l'ancien notaire lui paraissait un parti beaucoup plus sortable pour Maria.

Les obstacles ne font qu'accroître l'amour.

Les deux amants, bien que surveillés avec rigueur, parvinrent à se voir encore. Il fut convenu qu'Alfred irait à Paris tenter la fortune, et si leur séparation fut pénible, ils se donnèrent du moins l'assurance réciproque d'un amour constant et d'une fidélité à toute épreuve.

Le lecteur est au courant du reste; il sait que Maria, tourmentée par l'incertitude où elle se trouve sur le sort de son amant, veut parler à Léonie, qu'elle suppose instruite de tout ce qui est arrivé à Alfred depuis son départ. Comme elle l'avait pensé, Léonie se trouvait seule au salut. Thérèse, en passant, lui glissa quelques mots à l'oreille de la part de Maria, et, quand l'office fut terminé, les deux amies se rendirent dans une petite rue, voisine de l'église, sur laquelle donnait la porte du jardin de M. Berthier, dont Thérèse avait une clé. La grosse servante se tint à quelque distance en observation, afin d'avertir les jeunes filles s'il prenait fantaisie à quelque indiscret de venir les écouter.

Elles se jetèrent d'abord au cou l'une de l'autre en pleurant, Maria surtout ne pouvait proférer une parole, tant elle était émue.

— Le temps est précieux, ma chère Maria, dit enfin la sœur d'Alfred, nous pourrions être obligées de nous séparer sans nous être rien dit.

— Parle-moi de lui, Léonie... Oh! dis-moi tout, dis-moi bien tout!

— Là! J'en étais sûre! Elle ne me demande pas seulement de mes nouvelles, la petite ingrate! Tout est pour le frère, et la sœur n'a plus rien.

— Tu ne mets pas en doute mon amitié, j'espère, dit Maria. Je t'aimais avant de le connaître, et depuis je t'aime encore davantage, car tu lui ressembles, à mon Alfred; tes traits sont les siens... En te voyant, Léonie, oh! tiens, je suis heureuse!

— Ne me serre pas comme cela, enfant, tu m'étouffes... Calme-toi, et laisse-moi parler.

— Tu as reçu des lettres de lui, il pense à moi, il m'aime encore ?...

— Mais si tu parles toujours, c'est le moyen de ne rien savoir !... Alfred m'a écrit : il m'adresse ordinairement ses lettres, poste restante, parcequ'il m'entretient de son amour, et que ma mère, bien que le sachant malheureux, ne me permettrait pas de chercher l'occasion de te voir... En voulant vous consoler tous deux, je vous prépare peut-être bien du chagrin...

— Non, Léonie, non, puisqu'il est à Paris pour se faire un avenir. Ah! rien ne pourra m'obliger à renoncer à lui!... Je n'aurai jamais d'autre époux...

— Tu refuserais donc d'obéir à ton père? Songe, Maria, combien est grande l'autorité d'un père...

— Oh! je me jetterai à ses genoux, je les embrasserai en pleurant, je me montrerai si malheureuse qu'il consentira à nous unir!... Mais parle-moi donc d'Alfred.....

— Dans sa première lettre il me demande si ton père est toujours aussi rigide et s'il nous permet de reprendre nos relations d'amitié. Tu te souviens de ce jour où tu m'as serré la main, sans me rien dire, il est vrai; cependant j'ai compris combien tu souffrais, et j'ai prié mon frère de t'écrire...

— Que je t'embrasse, mon amie!

— Je lui ai dit, assez étourdiment, de profiter de l'occasion de Frédéric Evrard qui est revenu en vacances... Heureusement j'ai dérobé cette lettre aux regards de ma mère...

— Oh! donne, il m'a écrit!

Le cœur de Maria battait avec violence. Elle prit la lettre et la cacha soigneusement dans son sein.

Deux jeunes filles en confidence parlent rarement à voix basse : aussi le nom de Frédéric Evrard avait-il intrigué un individu qui passait en ce moment. Curieux de connaître celles qui s'occupaient de lui, Frédéric était retourné sur ses pas et cherchait à saisir quelque chose de la conversation.

— Mesdemoiselles, dit Thérèse, en s'approchant, quelqu'un rôde dans la rue et semble nous observer.

Les deux amies se séparèrent aussitôt. Thérèse ouvrit la porte du jardin, et Léonie retourna chez sa mère.

— Très bien, petite!... Votre amant vous écrit de fort jolies choses, j'en sais un mot. Sans cet original de Dutac qui s'est avisé de s'introduire dans le mystère de vos amours, jamais, de par tous les diables! je ne me serais douté qu'Alfred pût captiver un cœur, ma mignonne!... Allons, allons, je serai discret; mais à une condition... Je vous la dirai plus tard, jeune fille. Si votre minois vaut un soupir, j'essaierai de souffler à Alfred une propriété dont il s'est rendu maître parce que sans doute il ne s'est point rencontré de concurrent.

Tout en se tenant à lui-même ce joli discours, Frédéric rentrait chez son père. Depuis son arrivée, il n'avait fait au logis que de courtes apparitions, et ce n'était pas sans motifs, car, d'après quelques paroles échappées à sa belle-mère, il avait compris qu'elle était au courant de la conduite qu'il avait tenue à Paris. Madame Evrard n'aimait pas Frédéric, qui, d'ailleurs, était assez dépourvu de qualités aimables. Tous les ans il y avait de fortes scènes au sujet des débauches et de la prodigalité du carabin. Celui-ci prétendait que sa belle-mère n'avait pas le droit de lui faire des reproches ni d'étendre son inquisition sur son budget. Il s'oubliait parfois jusqu'à lui manquer de respect, même en présence du fournisseur, assez faible, sinon pour prendre le parti de son fils, du moins pour l'excuser.

— Tais-toi, ma femme, disait-il à madame

Evrard avec une bonhomie que celle-ci qualifiait de bêtise, il a tort, j'en conviens; mais c'est le feu de la jeunesse.... A son âge, j'étais comme cela. Nous le marierons, une fois qu'il sera docteur, et tu verras qu'il n'y paraîtra plus.

Frédéric, quoique fort de l'indulgence de son père, n'aimait pas ces sortes de scènes, qui ne servaient qu'à aigrir davantage sa belle-mère et à lui occasionner à lui-même mille tracasseries pendant le séjour qu'il était obligé de faire à la maison paternelle. Il avait donc pris la résolution d'assister le moins possible aux débats, et, comme madame Evrard avait été déjà sur le point de les entamer, il avait pris la porte sous différents prétextes.

Cette fois, néanmoins, lorsqu'il rentra, il ne put éviter l'orage; sa belle-mère vint à lui, un papier à la main.

— Qu'est-ce, monsieur, lui demanda-t-elle,

que ce mémoire qui m'arrive à l'instant par la poste?

Frédéric y jeta un coup d'œil, puis, le rendant à madame Evrard avec indifférence :

— C'est, lui répondit-il, la carte d'une petite collation que j'ai faite avec mes amis la veille de mon départ... J'ai oublié de l'acquitter.

— Une petite collation... Quelle horreur! s'écria madame Evrard. Dindon truffé, pâté de foie gras, perdrix aux choux, etc, etc., bordeaux, champagne, liqueurs de toutes sortes, couverts d'argent perdus, vaisselle brisée!

— Ah!... Ceci n'entre pas dans la consommation...

— Total, deux cent quarante-cinq francs!... C'est-à-dire plus que je ne dépense en trois mois pour les frais de ma cuisine. Nous verrons, monsieur, ce que dira votre père lorsqu'il aura sous les yeux cette preuve de votre infâme conduite...

— Madame ma belle-mère, voudriez-vous avoir l'extrême obligeance de mettre un terme à vos observations?

— Monsieur mon beau-fils, vous n'avez pas le droit de m'imposer silence ici. Je dirai ce que je pense : Vous êtes un mauvais sujet, un jeune homme perdu de dettes et de débauches, qui ne revient dans sa famille que pour narguer ses parents et qui finira par les ruiner!

— Eh bien! qu'y a-t-il encore? fit M. Evrard en entrant dans la chambre.

— Il y a, mon ami, que ton fils te fait prendre le chemin de l'hôpital, et que tu ne montres pas assez d'énergie pour réprimer ses désordres. Vois plutôt!... Monsieur régale une douzaine de vauriens comme lui, et cela ne nous coûte que la modeste somme de deux cent quarante...

— Calme-toi, ma femme, c'est une étourderie de jeune homme... A son âge... Tu as tort, Frédéric, ceci passe un peu les bornes, mon ami...

Dindon truffé, perdrix... Tu aurais mieux fait de leur donner un gigot de mouton avec une salade. Mais laissons cela de côté et parlons d'autre chose...

— Je n'y tiens plus !... C'est une faiblesse impardonnable, cria madame Evrard en sortant de la chambre.

La porte se referma sur elle avec violence, et le flegmatique fournisseur, sans faire attention au regard foudroyant que sa femme lui avait lancé avant de partir, continua ainsi :

— Frédéric, je n'ai pas encore trouvé l'occasion de t'annoncer mes projets sur toi. Il faut, mon ami, mettre un terme à tes folies de jeunesse et devenir homme, car je te marie bientôt... J'ai ton fait sous la main.

— Vous voulez rire, mon père ?

— Pas du tout... Je t'ai passé bien des étourderies jusqu'alors, et je suis fatigué d'être trop bon. Je compte sur le mariage pour te donner de la sagesse... Ainsi, ton cours de médecine terminé, dispose-toi à m'obéir.

— Et quel est l'adorable objet que vous m'avez choisi...

— La fille de l'ami Berthier. Tu ne l'as pas vue depuis quelques années, car, à l'époque des vacances, elle habitait chez sa tante qui vient de mourir dernièrement en lui laissant toute sa fortune... Et ce qui lui reviendra de son père !... Maria est une jeune fille charmante, vertueuse...

— Délicieux ! s'écria Frédéric en riant de toutes ses forces. Je vous conseille, mon père, de répondre de la vertu de celle-là...

— Que veux-tu dire ?

— Si vous désirez le savoir, ce prodige de vertu a un amant, mais dans toutes les règles... Il y a eu des rendez-vous, des baisers, des ser-

ments, que sais-je? Malgré cela je ne crois pas...
Toujours est-il qu'une correspondance est établie, et ce qu'il y a de curieux c'est que moi-même j'ai été porteur d'une missive très sentimentale dont on se délecte, je le parierais, au moment où je vous parle. Elle est gentille, ma prétendue!...
C'est égal, je tiens au positif. Je ne serai pas fâché d'ailleurs de jouer un tour à ce cafard d'Alfred, qui a voulu se faire passer dans mon esprit pour un homme supérieur aux faiblesses de l'humanité et qui cherche à séduire les jeunes filles à l'insu...

— Ce n'est donc pas lui qui t'a mis au courant?...

— Le hasard, quelques demi-confidences... Enfin, je sais tout. Mais vous sentez, mon père, qu'il faut couper court à cette intrigue. Si Maria doit être ma femme, ma philosophie n'ira pas jusqu'à lui permettre des relations avec un amant.

— Sois tranquille, je verrai M. Berthier.

— Et qu'elle ignore surtout que c'est moi qui ai dévoilé le mystère. Il n'en faudrait pas davantage pour m'attirer sa haine.

Le fournisseur, enchanté de voir son fils entrer aussi rondement dans son projet, passa avec lui dans la salle à manger.

— Ne gronde plus, ma femme, dit-il à l'oreille de madame Evrard en employant son éternel refrain, c'est le feu de la jeunesse : à son âge j'étais de même... Nous le marierons, et tu verras !...

XIX

Idées innées.

De graves contestations se sont élevées entre les philosophes sur la nature des idées. Les uns prétendent qu'elles nous arrivent, une à une, à mesure que l'éducation les fait naître en notre âme ou que nous lions connaissance avec les objets qui nous entourent ; les autres soutiennent, au contraire, que le créateur a pris soin, tout d'abord, de meubler notre intelligence, et ces derniers nous donnent d'excellentes raisons à l'appui de leur système.

« Les animaux, disent-ils, ont des *idées in-*
« *nées :* cela est incontestable, car les poussins,
« qui viennent à peine d'éclore, courent bien
« vite se réfugier sous l'aile de leur mère lors-
« qu'ils aperçoivent l'épervier dans la nue. On ne
« dira pas que la poule leur a glissé le mot d'ordre
« à l'oreille : il est probable que ces jeunes étour-
« dis n'auraient pas fait grand cas de ses observa-
« tions. Maintenant, pourquoi l'homme, d'une
« nature infiniment supérieure, serait-il privé
« d'un avantage que les animaux possèdent? »

Ce raisonnement est sans réplique : il a suffi pour nous rendre partisan des *idées innées*. La réflexion nous a même fourni d'autres preuves aussi fortes que celles qui précèdent. Veut-on nous dire, par exemple, s'il est permis d'attribuer aux *idées acquises* la manière dont une jeune fille lit la lettre de son amant? Personne, à coup sûr, ne lui a donné de leçons, et, sans vouloir établir un parallèle entre elle et les poussins, nous dirons que le même instinct, qui porte ceux-ci à se préserver des serres d'un oiseau de proie, guide la jeune fille à la réception d'une lettre d'amour.

Ce papier dépositaire des plus tendres sentiments est reçu d'abord par une main tremblante, qui s'empresse de le dérober à tous les yeux en le cachant dans un sein palpitant de bonheur. On attend ensuite le moment favorable pour en faire la lecture; ce moment est celui où la jeune fille peut se retirer dans sa chambre, car là seulement elle se trouve à l'abri des regards indiscrets. Que cette heure est longue à venir! Bien certainement l'aiguille de la pendule tourne plus lente sur le cadran... Et cette lettre qui fait battre d'impatience le cœur sur lequel elle repose!... On devine tout ce qu'elle contient; on sait qu'elle est remplie de ces mots si doux, déjà répétés tant de fois, mais qui offrent toujours le charme de la nouveauté!

Enfin arrive l'instant si désiré. La jeune fille ferme soigneusement la porte de sa chambre, tire la précieuse lettre de son sein, lui donne un baiser et la dépose sous le chevet. Elle s'approche ensuite de la glace et procède à sa toilette de nuit, mais avec plus de soin qu'à l'ordinaire. On dirait une jeune mariée qui se pare avant d'entrer dans le lit nuptial où l'attend son époux. Quand ses cheveux sont emprisonnés sous la gaze, que sa robe est tombée à ses pieds, qu'elle a revêtu la camisole blanche dont l'ouverture trahit le satin de sa belle gorge, elle donne un dernier coup d'œil au miroir, et ses petits pieds nus se dirigent vers le lit en faisant crier doucement le parquet. Elle se couche, ferme les rideaux en ne laissant pénétrer jusqu'à elle qu'un faible rayon de lumière... Et c'est alors qu'elle ouvre la lettre de son amant.

Une partie de la nuit se passe à la lire, à la relire encore, et le sommeil apporte aussi du bonheur à la jeune fille, car elle a de beaux songes cette nuit-là : l'image de son amant voltige autour d'elle et la caresse avec amour.

Le lendemain, au réveil, sa première pensée la fait involontairement rougir... Elle se rappelle son rêve.

XX

Alfred à Maria.

Loin de toi, mon amie, à cent lieues de celle que j'aime !... Oh ! cette pensée me ferait mourir si je n'avais pas l'espérance que notre séparation ne sera que passagère. Ai-je droit de me plaindre, si pour te posséder, ange du ciel, il me faut subir quelques pénibles épreuves ? Souffrir pour toi, Maria, mais c'est du bonheur, et, quand nous serons réunis, un seul de tes regards suffira pour compenser de longues années de souffrance.

Car l'éloignement ne peut diminuer notre amour, n'est-ce pas, Maria, cet amour consacré par de si saintes promesses ? Si tu savais avec quelle émotion je me rappelle cette nuit qui précéda mon départ, ces dernières heures que nous avons passées ensemble. Maria, je te remercie de toute la félicité que tu as versée dans mon âme. Tu n'as pas craint, timide jeune fille, d'accourir à la voix de ton amant; tu as compris que tu ne pouvais être plus en sûreté qu'auprès de celui qui t'aime d'un amour si pur. Nous serons unis, Maria, car le ciel aurait eu pitié de nous et nous eût fait mourir alors, s'il ne nous réservait plus de bonheur : c'est lui qui t'inspira ces paroles d'amour qui m'ont fait tant de bien, je les ai recueillies dans mon cœur; elles y restent gravées avec ton image.

Et quand je pense à ce baiser que j'ai déposé sur ta bouche, qui t'a rappelée à la vie, ce baiser que tu m'as rendu, Maria!... Oh! tu es à moi, maintenant; nous ne pouvons plus être séparés. Tes lèvres portent l'empreinte de nos adieux, un baiser de feu a scellé nos serments!

Quelques jours d'absence encore : ils couleront au gré de nos désirs, mais nous nous écrirons, mon amie. Oui, tu m'écriras... Tu es au dessus de ces sottes et mesquines convenances inventées pour imposer des entraves à deux cœurs qui s'aiment. Tout cela n'est point fait pour nous. L'univers entier s'opposât-il à notre union, nous serions l'un à l'autre en dépit de l'univers entier. Que peuvent les hommes sur notre amour? Il nous élève au ciel, et, quand notre tête est dans les nuages, pourrions-nous abaisser nos regards sur la terre et nous arrêter à des considérations humaines? Nos deux âmes qui sont sœurs n'ont-elles pas des ailes pour se rapprocher et s'envoler ensemble?... Tu l'as dit,

Maria, si je ne réussis pas, nous saurons trouver un lieu sur la terre où nous puissions nous aimer en paix.

Mais je réussirai, mon amie. Je t'aime, et cela seul me donnera du courage et de la constance. Je veux me créer un avenir brillant, acquérir de la gloire et de la fortune. La gloire sera pour toi, je viendrai la déposer à tes pieds. Songe un peu, Maria, à ce que c'est que la gloire!.. Quand ton amant te dira : « Je te dois ma célébrité, c'est toi que j'ai chantée dans mes vers », ne seras-tu pas orgueilleuse? Ne me permettras-tu pas, mon génie, de placer mes lauriers sur ton front, de mêler quelques palmes aux fleurs de ta couronne de vierge?

Alors, Maria, je ne serai plus ce jeune homme tremblant devant ton père quand il te refusait à ma tendresse. Vainqueur, je lui demanderai le prix de ma victoire!... Riche, je lui offrirai de l'or, puisqu'il lui faut de l'or en échange de ta main, et je te conduirai à l'autel, plus fier et plus heureux mille fois qu'au moment de mes triomphes.

Oh! que nous passerons de beaux jours!... A nous une vie tout entière d'amour et de bonheur... Plus de gloire, je ne verrai que toi en ce monde; je reviendrai respirer avec toi l'air parfumé des champs, loin de ces villes où l'on ne voit qu'un horizon de pierres et jamais le ciel.

Et puis nous aurons des enfants, Maria, des enfants qui seront l'image de leur mère. Ils passeront, tour à tour, de tes bras dans les miens, et nous prodigueront leurs naïves caresses... Que nous serons heureux!

Adieu, Maria.... Je t'aime, oh! si tu savais comme je t'aime.

Alfred.

XXI

Maria à Alfred.

Je vous ai dit de bouche ce que mon cœur éprouve, pourquoi ne vous l'écrirai-je pas, mon ami? Je ne fais point un mystère de mon amour... Si l'on pouvait comprendre, comme moi, combien mon Alfred mérite d'être aimé, combien son âme est noble et pure!

Oui, nous nous écrirons. Votre sœur trouvera le moyen de me faire parvenir vos lettres. Comme je l'ai embrassée hier, ma bonne Léonie! C'est à elle que je dois le seul instant de bonheur que j'aie goûté depuis que vous êtes éloigné de nous.

Je n'oublierai jamais celui qui a reçu ma foi; il peut être assuré de ma constance... Mais je désirerais qu'il eût moins d'enthousiasme pour la gloire : on se passionne trop aisément pour elle. Et quand vous aurez pris votre vol vers des régions aussi élevées, pourrez-vous descendre jusqu'à moi, monsieur? Si vous deveniez un grand homme, je n'oserais plus vous aimer. Pour arriver si haut, il vous en coûtera bien des efforts, de longues années, peut-être : ne sera-ce pas perdre des jours précieux, retarder notre bonheur?

Alfred, tâchez plutôt d'obtenir un emploi qui vous donne un rang honorable dans la société :

un jeune homme, dont la conduite est sans reproche, trouve toujours des protecteurs... Et vous viendrez alors me demander à mon père, il n'aura plus de prétexte pour vous refuser ma main... Oh! suis mes conseils... Un modeste avenir, et reviens, reviens près de moi. Je ne sais quel funeste pressentiment... Mais non, je suis folle, mon père ne m'a rien dit encore qui puisse me donner des craintes.

Raconte-moi tes espérances, mon ami. Ne te laisse point abattre par un premier revers; songe que tu m'as promis d'avoir du courage. Mon Dieu! je ne sais comment te dire une chose qui me tourmente... Tu n'es pas malheureux, n'est-ce pas? Tu n'as rien à redouter de la misère? Oh! rassure-moi là-dessus, mon Alfred!

Maria.

XXII

Alfred à Maria.

Ne crains rien : j'ai une providence qui veille sur moi.

Je ne puis connaître, il est vrai, la main bienfaisante qui me préserve des atteintes de la misère : elle veut rester inconnue et se dérobe à ma reconnaissance. Une somme considérable m'a été adressée, sans que j'aie pu ni refuser ce secours ni remercier mon bienfaiteur. Je me vois même dans l'impossibilité de le découvrir, car le général, à la bonté duquel j'attribuais l'envoi de cet argent, m'a fait répondre par ma mère qu'il me croyait capable de me tirer seul d'embarras et de pourvoir à tous mes besoins.

Qui que tu sois, homme généreux, sois béni!... Tu n'as pas voulu, sans doute, me faire une aumône : ma fierté s'en fût offensée. Cet argent n'est qu'un prêt sur la seule garantie de mon honneur : je dois te le rendre un jour.

Tu veux donc, Maria, que je te fasse le sacrifice de mes projets de gloire?... Vous connaissez, petite despote, toute l'étendue de votre puissance sur moi; dites un mot, et je brûle mes poésies. Souffrez seulement que je vous demande grâce pour celles où je chante mon amour. Je vais rogner les ailes à ma muse, afin qu'elle ne m'emporte pas vers ces régions élevées d'où vous craignez que je ne puisse redescendre...

Comme si je devais trouver au ciel un ange plus beau que toi!

Avec ma cervelle de poète, je suis loin d'avoir ton bon sens et ton jugement. Je ne réfléchissais pas aux obstacles que je pourrais rencontrer dans ce chemin difficile qui conduit à la gloire. J'étais follement présomptueux de prétendre arriver, en quelques années, à un but que nos plus grands génies n'ont atteint qu'après les efforts de leur vie entière. Oui, je suivrai tes conseils, Maria... Chaque instant perdu pour notre bonheur serait un crime.

On m'avait donné un protecteur, mais je ne veux point de celui-là : tu vas m'approuver, mon amie.

Imagine-toi que cet homme vieux et ridé, je

l'ai vu prendre pour épouse une jeune fille achetée à l'ambition d'une mère, une jeune fille qui peut-être avait un amant nécessaire à son bonheur comme tu l'es au mien. Oh! Maria, cette pauvre victime est tombée mourante aux pieds du prêtre qui venait de l'unir à un vieillard! Cette vision fatale me poursuit sans cesse. Maudit soit l'homme qui m'a fait croire à la possibilité de te perdre! Ton père, s'il allait aussi te sacrifier?... Mais tu serais forte, toi, forte de nos serments. Tu repousserais avec horreur celui qui serait assez vil pour demander ta main sans avoir ton amour.

Je dois refuser la protection de ce vieillard; sa vue me ferait mal, je serais ingrat pour lui.

Trois ans me suffisent pour faire mon cours de droit : je vais le commencer à la rentrée des écoles. Celui qui m'a déjà si généreusement secouru ne m'abandonnera pas, je l'espère, et, d'ailleurs, d'ici au jour où mon argent sera épuisé, je trouverai d'autres ressources; j'entrerai comme professeur dans un collége ou je ferai des articles pour les journaux.

Et pendant les vacances je te reverrai, mon amie; j'entendrai ta douce voix; je passerai encore des heures entières à contempler mon bel ange, à presser sa main blanche sur mon cœur, à lui dire: « Je t'aime! »

ALFRED.

XXIII

La visite.

— J'ai changé d'avis, mon père. Si nous brusquons la jeune fille, elle en aimera davantage Alfred, ne fût-ce que par esprit de contradiction. Les femmes sont trop adroites à suivre le fil d'une intrigue, pour que nous puissions empêcher Maria d'entretenir une correspondance avec son amant, si telle est son envie. Croyez-moi, laissons M. Berthier dans l'ignorance de ce qui se passe.

— Comme tu voudras, cependant...

— Je désire que vous ne lui disiez rien. Un autre est en possession du cœur de Maria, il serait imprudent de vouloir l'en arracher de vive force. La ruse nous offre plus de ressources, car l'amour, dans l'âme d'une jeune fille, tient à peu de chose. Ce qu'elle aime est un fantôme de son imagination, qu'elle se plaît à parer de couleurs romanesques... Présentez-lui cet objet sous une autre forme, dépoétisez le fantôme, et tout s'envole avec lui.

— Tu raisonnes à merveille, Frédéric : j'ai toujours pensé que nous ferions quelque chose de toi.

— Voici donc mon plan. Je vais désenchanter Maria, détruire son rêve petit à petit, sans avoir l'air d'y toucher, et tout en prenant avec elle ces manières séduisantes par lesquelles une femme se laisse toujours captiver. Cette rouerie doit réussir. Dès que j'aurai répandu sur Alfred une légère couche de ridicule, la fillette rougira de son premier amour. Me voyant ensuite soupirer à ses pieds, lui parler avec un langage mielleux ou passionné, elle me donnera son cœur.... *Et cœtera!* Ainsi, continua le carabin, la moindre indiscrétion de votre part nuirait au développement de mon projet... Ce soir, j'entre en matière.

M. Berthier se plaignait, devant son feu, des froides soirées d'octobre et des rhumatismes qu'elles réveillaient dans son épaule. Thérèse desservait la table, et Maria se tenait à quelque distance de son père, les yeux fixés sur son ouvrage.

Un vieux petit chien et un gros angora grognaient chacun dans un coin du foyer, et semblaient tout disposés à franchir le court espace qui les séparait pour venir se livrer bataille. Les fréquentes admonitions de M. Berthier retardaient seules un combat qui, vu les dispositions hostiles des deux partis, devenait inévitable.

Lorsque le fournisseur et son fils entrèrent dans la chambre, M. Berthier se leva pour aller à leur rencontre, et leur tendit amicalement la main. Maria répondit par une inclination de tête au salut des arrivants, et Thérèse s'empressa de faire disparaître les restes du souper. Mais il advint par malheur que le vieux petit chien et le gros angora, comme deux écoliers qui n'attendent que le départ du maître pour se prendre aux cheveux, profitèrent du moment où M. Berthier tournait le dos pour vider leur querelle. Le barbet, voulant échapper à la griffe de son adversaire, se réfugia sous les jupons de Thérèse, et s'entortilla dans les jambes de la grosse fille, qui perdit l'équilibre, et roula sur le plancher, avec une pile d'assiettes qu'elle portait à la main.

— Maladroite! s'écria M. Berthier.

La pauvre servante allait essuyer une vigoureuse mercuriale, si Maria, qui était accourue pour l'aider à se relever, n'eût calmé son père en rejetant la faute sur le barbet, qui fut exclu de la chambre conjointement avec son redoutable ennemi.

Hum! murmura Thérèse en ramassant les débris de ses assiettes, voilà une visite qui nous portera malheur!

Quand le désordre fut réparé, on se réunit autour du foyer. Après les politesses d'usage, qui consistent en province à disputer sur la place qu'on occupera, et à s'informer du bien-être de chaque personne de la famille, M. Berthier fit à Frédéric diverses questions sur ses études et son séjour à Paris. Ensuite les deux pères se mirent à parler à demi-voix, de manière à ne pas être entendus des jeunes gens. Frédéric alors chercha à entamer une conversation avec Maria, s'étudiant à donner à son extérieur et à ses paroles l'air et le ton de la bonne société. Maria lui répondit sans discontinuer son travail.

— Notre ville a donc l'avantage de vous posséder cette année, mademoiselle?

— J'ai perdu ma tante sur la fin de l'hiver dernier, répondit Maria. Sa maison de campagne ne m'aurait plus rappelé que de tristes souvenirs; j'ai préféré rester ici.

— Vraiment, vous auriez eu tort de nous priver plus long-temps de votre aimable présence. La solitude des champs et la compagnie de votre tante ne devaient pas vous procurer beaucoup d'agrément...

— Je vous demande pardon, monsieur, ma tante était une seconde mère pour moi, et j'aime la campagne.

— A peine si je vous aurais reconnue, mademoiselle... On m'avait bien vanté vos charmes, ajouta-t-il presqu'à voix basse ; mais votre beauté surpasse infiniment tous les éloges qu'on m'en a pu faire... Oh ! ce que je vous dis là ne doit pas vous faire rougir !... Je suis convaincu que ma bouche n'est pas la première qui vous donne cette louange.....

Ces derniers mots furent prononcés avec un ton qui fit soupçonner à Maria que Frédéric savait quelque chose du secret de son cœur. Elle rougit davantage encore, et, piquée d'une allusion qui lui semblait, tout au moins, impertinente, elle se hâta de changer la conversation.

— Vous vous plaisiez beaucoup à Paris, monsieur?

— Beaucoup, mademoiselle. Le séjour de la capitale, outre les jouissances qu'il procure, met un jeune homme au courant des usages du monde, et lui donne ce vernis social sans lequel un homme d'esprit peut quelquefois ressembler à un sot...

— Comme, avec ce vernis social, un sot peu quelquefois ressembler à un homme d'esprit, interrompit Maria.

— Si vous voulez, fit le carabin en se mordant les lèvres à cette saillie inattendue. On peut, dans tous les cas, revenir sur la première idée qu'un sot vous a donnée de sa personne, au lieu qu'il est toujours désagréable d'avoir mal jugé un homme d'esprit. Je sais qu'en province on ne tient pas à ces dehors qu'une société choisie réclame de ceux qui la composent. Aussi, lorsqu'un provincial débarque à Paris, est-il regardé le plus souvent comme un animal curieux. Sans parler de ses idées qui sont toujours en arrière de la civilisation, ses manières grotesques l'exposent à une risée générale. Je vous citerai, pour exemple, un mien ami de collége qui semblait tomber d'un autre monde en arrivant à Paris... Vous devez le connaître, je pense?

— J'ignore de qui vous voulez parler...

— D'Alfred Daniel...

Maria tressaillit, Frédéric feignit de ne pas s'en apercevoir.

— Il m'a fait réellement de la peine, ce pauvre garçon !... Malgré toute ma bonne volonté pour lui, je n'ai pu le produire dans le monde, tant sa tournure est niaise et campagnarde.....

— Je n'ai jamais rien remarqué de semblable en lui, dit Maria, qui se trahissait visiblement malgré ses efforts pour dissimuler son émotion. Je crois, monsieur, qu'il y a beaucoup d'exagération dans ce que vous dites là... J'ai entendu parler de M. Daniel comme d'un jeune homme qui possède des qualités et des talents.

— Ceci revient précisément à ce que je disais tout à l'heure :« Un homme d'esprit peut quelquefois ressembler à un sot. » Oui, je sais qu'il a des prétentions à la célébrité; mais plusieurs entretiens que j'ai eus avec lui me font craindre que ses ouvrages, s'il en met au jour, ne se ressentent des siècles de barbarie. Ses idées sont loin d'avoir le cachet de la nouveauté. Ah ! si l'on pouvait opérer en lui une révolution complète, tant au physique qu'au moral, il obtiendrait peut-être du succès...

— M. Daniel vous croit son ami, sans doute : il serait bien désabusé s'il pouvait vous entendre..... Au reste, monsieur, je ne vois pas pourquoi vous semblez prendre à tâche de le décrier dans mon esprit.

— Mon Dieu, mademoiselle, si j'avais prévu l'intérêt que vous lui portez, je me serais bien gardé de vous dire aussi franchement ma pensée.

— Sans lui porter intérêt personnellement, reprit la jeune fille avec sévérité, je suis l'amie de sa sœur, et cette raison seule me défend d'approuver le langage que vous tenez sur son frère.

La situation de Frédéric devenait embarrassante. Heureusement M. Berthier lui parla de ses rhumatismes. Il développa ses connaissances médico-chirurgicales, à la grande admiration de ses auditeurs, si ce n'est de Maria qui était montée dans sa chambre pendant le discours scientifique du carabin.

— Très bien, jeune homme, dit à Frédéric l'ancien armateur. On voit que vous avez profité de vos études. Je ne serai pas fâché d'avoir un médecin dans ma famille : ainsi, c'est une chose convenue... Vous serez mon gendre !

Or Thérèse, le vieux petit chien et le gros angora entraient en ce moment. La première entendit les paroles de M. Berthier; les deux autres, devenus pacifiques, ou bien ayant conclu momentanément une suspension d'armes, reprirent leur place au coin du feu.

Frédéric et son père souhaitèrent le bonsoir à la compagnie, et reçurent avec une poignée de main l'invitation de continuer leur visite.

XXIV

Ce n'était qu'un songe.

Pour concevoir tout ce que dut souffrir Maria pendant la conversation qu'elle eut avec le carabin, il faut songer qu'Alfred était placé aussi haut que possible dans son esprit. Elle avait été à même d'apprécier tant de fois les belles qualités du jeune homme, et le prestige dont l'entourait son amour était si grand qu'il devenait difficile de vouloir le rabaisser dans son admiration sans s'attirer sa haine et son mépris.

Le lâche! pensait-elle, encore tout émue de ce qu'elle venait d'entendre. Il savait bien qu'il pouvait parler impunément; car nous, pauvres femmes, lorsque nous avons un noble amour au cœur, nous ne pouvons divulguer ce sentiment qui fait notre gloire. Les bienséances nous ordonnent de nous taire... Les bienséances! On appelle ainsi les chaînes de notre esclavage. Oh! ce Frédéric, je le hais... Chacune de ses paroles était un dard de vipère qui me blessait au cœur. A-t-il pu croire un instant que ses paroles aient fait la moindre impression sur moi?... Toi ridicule, mon Alfred, toi l'objet de la risée générale!... Il devait au moins mentir plus adroitement. Ne t'ai-je pas vu, dans les sociétés, te présenter toujours avec aisance et politesse? N'ai-je pas entendu des personnes qui fréquentent les salons de la capitale donner des louanges à tes manières distinguées?... J'ai ton portrait que j'ai dessiné moi-même, le voilà! Que Frédéric vienne placer ses traits flétris et sa figure de démon près de l'image de celui, que j'aime! Et quand ton extérieur serait comme il le dépeint; quand tu ne serais pas au courant de ces mille petitesses dites de bon ton, qu'est-ce que cela me ferait, à moi? Ne te resterait-il pas toujours ta belle âme qui s'est révélée à la mienne, aimante d'un amour pur comme celui des cieux? S'il n'avait raillé que ton corps, je le lui eusse pardonné; mais il a voulu faire une tache à ton âme, à ton génie... Quel affreux complot machine-t-il cet homme pour vouloir ainsi dégrader mon amant à mes yeux? Il me parlait avec un rire satanique et semblait cacher l'arrière-pensée d'un crime!

La jeune fille, en proie à de pénibles émotions, fut long-temps sans pouvoir dormir; et quand le sommeil eut fermé sa paupière, un songe effrayant vint accroître l'angoisse de son âme. Elle vit Alfred dont le front était chargé de tristesse... Elle s'approchait pour le consoler, mais lui la repoussa avec désespoir.

« Éloigne-toi, s'écria-t-il, femme indigne de ma tendresse!.,. Tu as rougi de m'avouer pour ton amant; tu n'as pas osé donner un démenti formel à celui qui me calomniait en ta présence... Et crois-tu que je puisse encore ajouter foi à tes promesses, lorsque tu recules devant la première occasion de me prouver ton amour?... Tu devais braver tout pour être à moi; tu devais quitter ton père et venir partager mon indigence, et tu n'as pas eu le courage de me défendre contre un lâche menteur qui me vilipendait quand je n'étais pas là, moi, pour lui cracher à la figure et venger mon affront! »

Puis changeant tout à coup de langage :

« Grâce, mon amie, grâce !... Je suis fou de t'adresser de pareils reproches. Tu as bien fait de ne pas mettre ton âme à nu devant cet infâme qui tourne en dérision les choses les plus sacrées. Aurait-il pu comprendre un amour comme le nôtre, lui qui a traîné dans la boue des passions les derniers lambeaux de son cœur? Oh! laisse-le dire, Maria, ne lui réponds que par ton mépris : il n'est pas digne d'entendre le son de ta voix... Tu ne l'as pas cru, j'espère, lorsqu'il s'est dit mon ami... Le ciel et l'enfer se réuniraient avant que je lui donnasse ce nom! »

A l'amertume des reproches succédaient des paroles d'amour. Maria, au comble du bonheur, voyait Alfred à ses pieds; ses deux mains étaient dans celles de son amant, et leurs yeux se disaient plus éloquemment que leur bouche ne pouvait le faire tout ce qu'il y avait en eux d'ivresse et de transport..

Soudain la jeune fille entendit des éclats de rire....

Elle leva la tête et vit Frédéric qui, les bras

croisés, se tenait debout derrière Alfred et ricanait en les regardant...

Elle poussa un cri d'effroi.

Alfred avait aperçu son ennemi, et une lutte terrible s'était engagée entre eux. Ils se roulèrent sur le parquet ensanglanté; on entendit résonner des coups terribles... Bientôt aux cris de rage, aux imprécations, succéda le râle de l'agonie...

L'un des deux était mort!

Alfred vainqueur revint se jeter dans les bras de la jeune fille; mais quand les lèvres de Maria crurent presser celles de son amant, ce n'était plus Alfred qu'elle étreignait sur son cœur, c'était Frédéric tenant d'une main un poignard rouge de sang, et de l'autre lui montrant le cadavre d'Alfred.

« Je l'ai tué, disait le carabin, car je t'aime! »

Maria se réveilla saisie d'horreur. Son premier mouvement fut de se jeter à genoux et de remercier le ciel...

Ce n'était qu'un songe !

Elle alluma une bougie à sa veilleuse et se mit à écrire à Alfred.

Le lendemain, Thérèse, en lui apportant son chocolat, la trouva pâle, tremblante de froid et presque sans connaissance. Elle la replaça sur son lit et se garda bien de lui dire ce qu'elle avait appris la veille, de l'intention où était son père de la marier à Frédéric. Elle pensait avec raison que cette confidence ne ferait qu'aggraver l'état de souffrance de la jeune fille. On courut appeler le médecin, qui déclara la maladie sérieuse.

XXV

Frédéric à Dutac.

Ami, je suis en province, c'est te dire en d'autres termes que je m'ennuie à mourir... Pour le prouver, je t'écris.

Ce matin, ne sachant que faire, je me suis dirigé vers le réservoir où mon père fait parquer des huîtres; j'en ai pêché quelques-unes que je t'expédie par la voiture. Fais-en goûter à Aglaé.

Nos femmes de Cherbourg sont coquettes et bigotes. Elles ne se font pas scrupule de se laisser baiser la main, presser la taille, de répondre par des minauderies aux œillades enflammées d'un amant; mais elles s'en bornent là parce qu'il faut aller à confesse à Pâques. Ici, la galanterie qui a le plus d'influence sur une femme est de la conduire à vêpres : vous pouvez ensuite risquer une déclaration, elle sera bien reçue. Dans nos cercles, les entretiens roulent presque toujours sur des sermons ou des points de théologie. Lorsque les hommes sont à bout sur Voltaire et les femmes sur la Bible, ceux-ci finissent par s'asseoir à une table d'écarté, celles-là se retirent dans un coin du salon et parlent de leur directeur, qui reçoit des éloges ou passe sous la critique, selon qu'il est jeune ou vieux, aimable ou austère, prudent dans ses questions ou inquisiteur des secrets du ménage... C'est très amusant, je t'assure! Il est cependant nécessaire que je m'accoutume à la vie de province, car, après quelques mois encore de nos joyeuses débauches, il me faudra dire adieu définitivement à ce beau Paris et venir m'enterrer dans notre méchante bicoque, soigner des catharres, tâter le pouls aux vieilles femmes, accoucher les jeunes..., et sans rire encore.... La gravité doctorale est de rigueur.

Et dis-moi, qu'est devenu le provincial que j'ai confié à ta sollicitude? Si Aglaé fait manœuvrer ses yeux noirs avec assez d'activité pour l'attirer dans ses filets, je lui achète à mon retour une robe magnifique; à toi, je te paie un déjeuner à discrétion chez Véfour.

Que je te raconte la chose... Tu vas rire, mais c'est égal.

Cette jeune blonde aux joues rosées, à la taille

fluette dont le *poète de Cherbourg* a chanté probablement les charmes en vers de tous les calibres ; à laquelle il a fait passer, par mon intermédiaire, une lettre si tendre et si passionnée dont je garde précieusement copie ; ta cousine, en un mot... Eh bien ! mon père me la destine pour épouse.

Je te le dis en passant, c'est un excellent homme que mon père. Il a payé la carte en question, voire même les couverts d'argent dont j'attribue la soustraction à Aglaé qui, par mégarde sans doute, les aura ramassés avec les débris de sa toilette. Comme il tient beaucoup à ce mariage, je ne veux pas le désobliger, d'autant plus que la petite est charmante, et que l'affaire est arrangée d'ailleurs entre les deux familles. Il ne me reste plus qu'à chasser Alfred du poste qu'il occupe dans le cœur de Maria. J'ai déjà commencé l'attaque, et je crois qu'il ne me sera pas difficile de supplanter mon rival. Mais le moyen le plus infaillible pour arriver à ce but serait de le convaincre d'infidélité aux yeux de son amante.

Ainsi donc qu'Aglaé songe à sa robe et toi à ton déjeuner.

Frédéric.

XXVI

Le même au même.

La jeune fille a été malade. J'ai conseillé une saignée qui a produit son effet en dépit des prédictions d'un vieux docteur du pays qui me qualifiait de blanc-bec. Avec quelques mots techniques et tant soit peu de charlatanisme, je suis parvenu à donner au père de Maria une haute idée de mes connaissances.

C'est ton cousin, Dutac; mais il ne pétille pas d'esprit, le brave homme. Sortez-le du jeu de piquet qu'il possède à merveille, car il y bat mon père à plates-coutures, il n'est pas difficile de lui en imposer... Je me charge de lui faire croire qu'un porc est un oiseau. Il m'appelle son gendre, et, toujours d'après mes conseils, il a profité du beau soleil d'hier pour faire une promenade sur la grève avec la petite malade. Elle était intéressante au dernier point... Si je pouvais aimer une femme, ce serait celle-là.

Nous nous étions rendus d'avance sur le rivage, moi et mon beau cheval anglais dont les jambes sont fines et déliées comme celles d'une danseuse de l'Opéra et le poil doux et luisant comme une étoffe de soie. Je félicitai la belle convalescente, en ayant soin de me prévaloir du succès de la saignée. Je joignis à mes félicitations quelques compliments sur sa beauté, qui furent reçus avec froideur, les convenances l'exigent; mais c'est toujours autant de semé, la moisson viendra. J'ai fait parade ensuite de mes talents en équitation. Jamais mon cheval n'avait été si léger. Semblable au vent du nord, il volait sur le sable en soulevant des tourbillons de poussière. On eût dit qu'il sentait tout le pouvoir des deux beaux yeux qui le regardaient; il relevait avec coquetterie sa tête mignonne et bondissait comme un chevreuil.

Je suis en bon chemin, Dutac. Le père m'a dit, au retour de la promenade : « Songez, « monsieur, que vous êtes le médecin de ma fille « et le mien. Notre vieux docteur a cessé ses vi- « sites : ne ménagez pas les vôtres. » La petite doit être reconnaissante, c'est déjà un pas de fait vers l'amour. D'un autre côté, je cherche à l'éblouir et à lui plaire : mon rival n'est pas là pour détruire l'impression que je fais sur elle.

Il reste encore des huîtres. Si tu les as trouvées bonnes, je retournerai à la pêche.

FRÉDÉRIC.

XXVII

Le Fiancé.

Le bon Dieu nous soit en aide! dit Thérèse en refermant la porte sur M. Berthier, qui sortait accompagné du fournisseur. Oh! oui, car ma pauvre maîtresse en mourra, c'est sûr... Elle, si jolie, si douce, lui si laid, si repoussant! Je la vois frissonner toutes les fois qu'elle entend le nom de ce Frédéric.

Elle se fâchait, la bonne fille, et jurait que ce mariage ne se ferait pas...

Elle se fâchait, car, il faut le dire, Thérèse avait écouté aux portes. C'est bien mal, et Thérèse elle-même eût surpris un enfant à ce genre d'occupation, qu'elle l'aurait fouetté sans miséricorde; mais l'intention justifie les actes les plus répréhensibles. Elle était toute oreille depuis le jour où elle avait entendu dire à Frédéric par M. Berthier : « Vous serez mon gendre. » Aussi quand l'ancien armateur s'enfermait avec maître Evrard, Thérèse, retenant son haleine, allait, à petits pas et sans bruit, se coller à la serrure et ne perdait pas un mot de la conversation. Tant qu'elle n'avait entendu que des projets en l'air, elle avait cru inutile d'avertir Maria; mais dans la conversation de ce jour, il ne s'était agi de rien moins que de fiancer la jeune fille à Frédéric...... Et le parti de Thérèse était pris ; elle allait travailler à rompre ce mariage.

— Ah! c'est ainsi que l'on chagrinera mon enfant, s'écria-t-elle, en cédant à son humeur long-temps comprimée...... Eh bien! nous verrons!...

Elle prit une lampe avec un mouvement plein de colère, et monta, le plus rapidement qu'il lui fut possible, l'escalier qui conduisait à la chambre de Maria. Arrivée à la porte, elle s'arrêta pour reprendre ses sens, car la respiration lui manquait. Puis elle tourna doucement la clé : elle avait eu le temps de réfléchir, et son irritation avait cédé à la crainte d'effrayer Maria.

— Pauvre petite! se dit Thérèse, après avoir entr'ouvert les rideaux et s'être assise près du lit où la jeune fille reposait, elle dort du sommeil des anges!... et pendant qu'elle rêve à celui qu'elle aime, on prépare froidement son malheur, on veut la donner à un autre!... Mon Dieu! mon Dieu!

Et Thérèse se frappait le front à deux mains dans son inquiétude. Elle craignait que la confidence qu'elle allait faire à Maria ne la fît retomber malade.

— J'attendrai qu'elle soit réveillée, pensa-t-elle, et je lui parlerai comme une mère parle à sa fille, avec prudence, avec amour. Je dois lui tenir lieu de mère puisqu'elle n'a plus la sienne... Mais comment lui annoncer cette terrible nouvelle ?

Elle pleurait à chaudes larmes, la pauvre fille, et se mettait l'esprit à la torture pour trouver une manière de parler qui diminuât l'impression cruelle qu'elle prévoyait devoir causer à Maria... Mais il était décidé qu'un autre parlerait avant elle.

En ce moment plusieurs coups secs et rapides

retentirent à la porte d'entrée. Thérèse descendit pour ouvrir et faillit se trouver mal en reconnaissant, à la clarté de sa lampe, la figure blafarde du carabin.

— Monsieur n'est pas à la maison, s'empressa de dire Thérèse.

— Je le sais bien, répondit Frédéric, puisqu'il m'envoie m'informer de la santé de sa fille et lui parler d'une autre affaire qui n'est pas de ton ressort, la vieille...

Et tout en disant ces mots, il était au haut de l'escalier. Thérèse presque évanouie n'eut pas la force de le suivre. La porte était ouverte. Frédéric entra sans balancer et s'arrêta surpris de voir Maria couchée. Il y eut en lui un moment d'hésitation dont les hommes les plus corrompus ne peuvent se défendre, en voyant le sommeil de l'innocence qu'ils vont sacrifier à leurs sentiments pervers.

— Au fait, je serais bien sot, dit-il, de manquer une si belle occasion !

Et il s'approcha du lit.

— Elle est, ma foi, charmante, continua-t-il en s'emparant de la main de Maria qu'il porta à ses lèvres.

La jeune fille fit un mouvement, mais ne se réveilla pas.

— Est-ce toi, mon Alfred ? murmura-t-elle.

— Malédiction ! cria le carabin : c'est lui qu'elle voit dans son rêve !

Une atroce pensée traversa son âme : il résolut de profiter de cette erreur.

— Oui c'est moi, bel ange, moi qui reviens avec délice et bonheur te répéter que je t'aime, t'annoncer que nous allons être unis. Viens, Maria, viens dans les bras de ton fiancé !... Ne crains rien, ajouta-t-il en voyant Maria ouvrir des yeux égarés et le regarder avec effroi, ne craignez rien, mademoiselle, je vous aime aussi moi, bien plus que celui qui occupe toutes vos pensées. Votre père m'a promis votre main...

Il s'arrêta tout court. La jeune fille venait de pousser un cri perçant, terrible, plus terrible mille fois que si la lame d'un poignard se fût enfoncée dans son cœur.

Frédéric resta pétrifié et ne trouva plus une parole. Maria fixait sur lui un si étrange regard, il voyait ses membres se contracter avec une telle violence qu'il eut peur... oui, qu'il eut peur, le Parisien, l'esprit fort, le roué qui comptait sur ses séductions pour attirer à lui cette jeune fille, comme le serpent attire l'oiseau. Il eut peur, et quand Thérèse entra pâle et furieuse, car le cri qu'elle avait entendu lui avait rendu toute sa présence d'esprit, quand Thérèse lui dit avec l'autorité d'une mère : « Sortez, monsieur ! » Il obéit et s'en alla.

— Je suis un lâche, s'écria-t-il lorsqu'il fut dans la rue, Maria devait être à moi ce soir ou jamais... Et j'ai tremblé comme une faible femme... Oh ! oui, je suis un lâche !

Un rire féroce contracta ses lèvres.

— J'ai vu ton amante, Alfred, et je l'aime !... C'est étrange, moi qui croyais ne pouvoir plus aimer une femme. Je l'aime, entends-tu ? Et si je n'avais pas été un lâche, j'aurais pu te dire, lorsque nous nous reverrons : « Tu sais bien
« cette jeune fille si pure, dont la pensée est la
« tienne, dont le cœur est le tien ? Eh ! bien je
« l'ai surprise, un soir, dormant sur son lit de
« vierge ; elle t'appelait dans ses rêves, souriait
« à ton image, et moi je l'ai serrée dans mes bras
« par une voluptueuse étreinte ; je me suis eni-
« vré de ses malédictions et de ses pleurs, j'ai

« fermé par de brûlants baisers la bouche qui
« prononçait ton nom, j'ai possédé ton amante!...
« Enfer!... et rien de tout cela, rien ; je suis un
« lâche! »

XXVIII

Maria à Alfred.

Alfred, il sort d'ici ton ennemi mortel!... Il était là, tout à l'heure, dans ma chambre, près du lit où je reposais. Horreur! il s'est dit mon fiancé!... Oh! je croyais être le jouet d'un songe affreux; je me sentais mourir : c'était un démon

qui me parlait d'amour!... Il ment cet homme;
il ne peut être ton ami, car je te mépriserais. Il
a voulu t'avilir à mes yeux, et ses monstrueux
discours m'ont rendue malade... Je meurs si tu
ne reviens près de moi, toi mon amant, mon
protecteur, le seul être qui puisse me défendre.
On veut me le donner pour époux, ce Frédéric
que je hais autant que je t'aime.

Tu ne me croiras pas, tu penseras que je t'écris cette lettre sous l'influence du délire et de la
fièvre! Eh bien! non, non!... Je suis souffrante,
c'est vrai, bien souffrante; ma tête brûle, tous
mes membres sont glacés, mais mon amour me
donne la force de t'écrire... Oh! reviens, mon
ami, je t'en conjure; nous fuirons ensemble, je
serai ta femme, ta maîtresse, qu'importe?...
Pourvu que je me sauve avec toi, loin de cet
homme qui me fait peur... Son regard est un
poison qui me tue, et je veux vivre, vivre avec
toi...

Mais, que dis-je? on s'apercevra de ton retour;... on nous séparera pour jamais... Mon Dieu, protégez-nous!

Maria.

XXIX

La même au même.

Alfred, je t'écris aujourd'hui avec plus de calme. Je suis sûre que tu n'as rien compris à ma dernière lettre, car je te l'ai écrite dans un moment où la douleur me rendait presque folle. Hélas! depuis que je connais la funeste résolution que mon père a prise, de me faire épouser Frédéric, il n'y a que ton souvenir qui puisse me sauver du désespoir. Cependant mon père ne m'a rien dit encore; mais je sais tout par Thérèse. Songe à ce que j'ai dû ressentir en apprenant cette nouvelle, moi qui frémissais au seul nom de cet homme, moi qui évitais son regard comme celui du serpent!... Alfred, cette haine était un pressentiment; je prévoyais tout le mal qu'il nous fait, tout celui qu'il peut nous faire.

Je te dois le détail de la scène d'hier, et je tremble encore rien qu'en la rappelant à mon souvenir.

Il était huit heures du soir; je dormais d'un profond sommeil, car je commençais à peine à me remettre de mon indisposition. Je rêvais à toi, mon Alfred, lorsque j'entendis une voix qui n'était pas la tienne, me parler d'amour... Je me réveillai soudain et j'aperçus Frédéric en face de mon lit. Juge de mon effroi; je poussai un cri perçant qui lui fit comprendre toute l'horreur qu'il m'inspirait, car il recula, l'infâme! lui qui, au mépris de toutes les lois de la pudeur, avait osé s'introduire dans la chambre d'une jeune fille sans défense. Oh! j'en pleure de rage, mes mains ont été souillées par le contact de ses lèvres odieuses... Alfred, pardonne-moi, j'aurais dû sentir son approche et la prévoir; mais j'étais accablée par la maladie et le chagrin, pardonne-moi!

Mon père a blâmé Frédéric, je l'ai su. Il doit comprendre que ce mariage me donnerait la mort. Je suis convaincue, mon ami, que si tu avais une place, il ne s'opposerait plus à notre union. Tu me parles, dans une de tes lettres, d'un homme que tu refuses pour protecteur; peut-être te fais-tu de fausses idées sur son caractère, peut-être as-tu mal jugé d'après ce que tu as vu: il est des circonstances cachées qui expliqueraient bien des choses si l'on pouvait les connaître. Surmonte cette répugnance, Alfred; c'est moi qui te demande ce sacrifice, au nom de notre amour.

Maria.

XXX

Une grisette pour voisine.

Cinq cents francs qui vous tombent des nues, au moment où le diable commençait à se nicher au fond de votre bourse, changent immédiatement le cours de vos idées. Alfred, voyant ses finances s'augmenter d'une manière aussi imprévue, n'eut rien de plus pressé que de quitter sa mansarde pour aller se loger dans une chambre plus commode. Or, quelques jours après son installation dans ce nouveau domicile, il entendit frapper légèrement à sa porte :

— Mon voisin, dit une voix de femme que l'on s'efforçait de rendre flûtée, je ne trouve pas mon briquet : voulez-vous, s'il vous plaît, me donner de la lumière?

Alfred lisait dans son lit. Il s'habilla à la hâte, entr'ouvrit la porte, tout juste pour livrer passage à une chandelle, et la referma, sans mot dire, dès qu'il eut rendu le service qu'on réclamait de lui.

— Il n'est pas très poli, se dit la voisine, un peu déconcertée par cette manière d'agir : il faut pourtant que nous fassions connaissance.

Le lendemain, Alfred se disposait à sortir

quand trois coups discrets retentirent à sa porte... On lui fit en entrant une si gracieuse révérence qu'il eût cru manquer à toutes les règles de la politesse, en n'offrant pas une chaise.

— Je vous dérange, monsieur, mille pardons...

— Il est vrai, mademoiselle, que je suis un peu pressé : pourtant veuillez me communiquer l'objet de votre visite, et si je puis vous rendre quelque service...

— C'est au contraire pour vous offrir les miens, monsieur. Je suis couturière et je viens vous demander votre pratique ; je me nomme Aglaé... La porte près de la vôtre, en face l'escalier.

— Mademoiselle Aglaé, dit Alfred en se levant, il m'est impossible de vous tenir plus longtemps compagnie... Du reste, je vous promets ma pratique.

— Vous êtes bien aimable..... Adieu, monsieur... La porte à côté, ne m'oubliez pas.

Dans la soirée qui suivit cette conversation, mademoiselle Aglaé, voyant la porte d'Alfred entr'ouverte, s'introduisit encore chez lui sous prétexte de lui montrer de son ouvrage. Le jeune homme avait reçu le matin même les deux lettres de Maria. A la nouvelle du danger qui menaçait son bonheur, il s'était empressé de courir à l'hôtel d'Etanges, où on lui avait dit que le duc ne serait visible que le surlendemain. De retour dans sa chambre, les yeux fixés sur ces lettres où se peignaient la douleur et le désespoir de son amante, Alfred versait des larmes amères, et le nom de Frédéric s'échappait de ses lèvres avec l'accent de la fureur..... Il ne s'était pas aperçu de la présence de la grisette.

— Frédéric?... Demanda machinalement Aglaé...

— Qui parle ici?... Quoi! vous encore? ajouta le jeune homme avec colère... C'est une véritable persécution !... Il y a une chose très simple, mademoiselle ; puisque mon logement paraît tant vous plaire, apportez vos meubles ici, je prendrai votre chambre, et chacun restera chez soi.

— Vous êtes bien méchant ! dit Aglaé en portant son mouchoir à ses yeux. Je venais vous montrer ces chemises... Elles sont faites dans le dernier goût, et s'il vous en fallait de pareilles ?...

— Faites-m'en une demi-douzaine et achetez l'étoffe, dit Alfred en lui jetant deux pièces d'or ; mais, de grâce, laissez-moi, j'ai besoin d'être seul....

Pourtant il était écrit que ses tribulations n'en resteraient pas là. Vers minuit, il entendit des gémissements et des sanglots. Ces plaintes devenaient de plus en plus déchirantes, et, en supposant qu'on eût le cœur assez dur pour ne pas aller secourir l'être malheureux qui se lamentait ainsi, il devenait au moins impossible de fermer l'œil. Nous ignorons si cette dernière considération fut la seule qui engagea Alfred à aller au secours. Il fut très étonné de voir mademoiselle Aglaé accroupie près de sa porte, les yeux très rouges, et qui, à son aspect, redoubla ses cris et larmoya le plus piteusement du monde.

— Que vous est-il donc arrivé, mademoiselle? demanda le jeune homme qui fut entièrement dupe de la feinte douleur de la grisette.

— Ce qui m'est arrivé... Ne le voyez-vous pas?... Hi! hi!

— Mon Dieu! non, je vous assure...

— Hi! hi! hi!

— Allons, remettez-vous...

— Je ne trouvais pas de calicot à mon idée pour vos chemises, hi! hi!... J'ai couru tous les magasins de Paris: je me suis mise en retard, hi!... Et en rentrant je n'ai pas trouvé ma clé; je l'aurai perdue, hi! hi! hi!... Voilà plus d'une heure que je suis là, je meurs de froid...

— Vous auriez dû m'éveiller, je vous aurais allumé du feu...

— Vraiment!... Vous êtes si gentil quand on va chez vous !... Je me serai plutôt laissée mourir que de frapper à votre porte... Et puis si tard, chez un jeune homme...

— Rassurez-vous, je vais travailler pendant le reste de la nuit. Vous serez mieux devant mon feu, entrez.

En un instant Alfred eut allumé du feu, et lorsqu'il se releva, il vit mademoiselle Aglaé assise dans l'unique fauteuil de sa chambre de garçon et déjà toute consolée.

— Je vous ai fait bien peur, n'est-ce pas ? dit-elle.... A propos, savez-vous que mes courses m'ont donné de l'appétit ?

— Alfred plaça sur une table quelques provisions destinées à son déjeuner du lendemain.

Comment? fit la grisette ; mais voilà un petit souper d'un genre soigné!... Du fromage de Brie, des confitures, des raisins!... Si nous faisions du vin chaud ?...

— A votre aise..... Pour moi je vais travailler.

— C'est ça qui serait poli!... Vous comptez rester dans ce coin, là-bas, comme un boudeur ? en ce cas, je retourne sur le carré.

— Alfred sentait l'approche du péril, pourtant il fallait faire les honneurs de sa chambre. Il se mit à table, bien décidé à ne pas profiter des avances de la grisette, car il voyait clairement alors à qui il avait affaire. Cette position, nouvelle pour lui, jetait dans son âme un trouble étrange, qui ne faisait que s'accroître encore par ses efforts pour simuler l'indifférence. D'abord son visage parut calme en dépit des œillades et du manége de coquetterie d'Aglaé, mais, intérieurement, ses passions grondaient avec violence. L'idée qu'une femme était dans sa chambre, seule avec lui au milieu du silence des ombres, lui donnait toutes les hallucinations du délire. Des fantômes de volupté passaient devant ses yeux, ses oreilles tintaient, sa tête était brûlante... Bientôt il ne lui fut plus possible de maîtriser ses désirs; Aglaé vit son trouble, et, sûre de sa victoire, elle lui tendit les bras. Alfred s'y précipita par un mouvement spontané, cédant à cette fougueuse impulsion des sens qui fait bouillir le sang dans les veines d'un jeune homme et l'entraîne vers un plaisir inconnu, sans que l'âme ait le temps de se reconnaître et d'éprouver un remords. Il chercha donc la volupté sur les lèvres de la grisette, pendant que celle-ci, froide sous ses baisers et tout entière à son dessein perfide, tirait de son doigt, sans qu'il s'en aperçût, une bague qu'il n'aurait pas cru payer trop cher par le sacrifice de dix années de sa vie..... Une bague faite des cheveux de Maria!

Cependant un incident inattendu lui épargna la honte d'une faiblesse plus grande.

— A moi le pompon! pour mener lestement une intrigue, fit Aglaé en sortant une clé de sa poche et partant d'un grand éclat de rire.

Devant ce peu de paroles s'évanouit toute l'illusion. Alfred se retira avec dégoût des bras d'une femme qui jetait le masque avec autant d'impudeur, et ne rougissait pas d'avouer la ruse qu'elle avait employée pour s'introduire chez lui.

— Vous pouvez maintenant rentrer dans votre chambre, mademoiselle, lui dit-il froidement.

—Pourquoi donc ? Je suis très bien ici. Dieu!

ces yeux que vous me faites là!... Est-ce que ça vous prend souvent?

— Toutes les fois qu'une femme est assez vile pour venir se jeter à la tête d'un homme et manquer ainsi aux premières convenances imposées à son sexe.

— Charmant!... On dirait un acteur de la Porte-Saint-Martin..... Vous ne buvez plus de vin chaud?

— Non, répondit Alfred en prenant son chapeau, et, puisqu'il ne vous plaît pas de vous retirer, je reviendrai quand vous aurez jugé convenable de le faire.

Le jour commençait à paraître. Il sortit, laissant Aglaé tout interdite de ce brusque départ.

— A ce qu'il paraît, se dit-elle, j'ai choqué la délicatesse de monsieur... Drôle de corps, va!

C'est égal, il est infidèle à sa petite ; en voici la preuve.

Elle mit la bague à son doigt. Lorsqu'elle eut achevé de boire le vin chaud, elle ferma la chambre d'Alfred, prit dans la sienne le peu de hardes qui s'y trouvaient, et disparut de l'hôtel, après avoir payé son loyer avec l'une des pièces d'or destinées à la confection des chemises.

Ah! Dieu! s'écria-t-elle en doublant le pas, j'avais oublié qu'on guillotine ce matin!

XXXI

La Morgue et l'exécution.

Alfred était sorti avec la ferme résolution de ne rentrer chez lui que lorsqu'il pourrait conjecturer qu'Aglaé aurait évacué son domicile, se réservant, dans le cas où elle n'y serait pas encore décidée, à l'en faire exclure par les autorités locales de son hôtel, le propriétaire ou le portier. Il dirigea donc sa promenade au hasard, peu soucieux de se perdre momentanément dans les rues de Paris qu'il connaissait à peine. Sa marche errante le conduisit près d'un bâtiment écrasé, sans fenêtre à l'extérieur et de la forme d'un tombeau...

La foule entrait et sortait sans interruption...

Six cadavres étaient étendus sur la pierre, les uns ensanglantés et criblés de blessures, les autres verts, à demi rongés par les poissons, et ne conservant presque plus rien de la forme humaine.

« C'est donc ici, pensait Alfred, que la Seine apporte son tribut de chaque jour !... Parmi ces malheureux il s'en trouve qui étaient sans doute éloignés comme moi de leur famille, de leur patrie, qui, dans les tortures de l'agonie, ont invoqué le nom d'une personne aimée, et sont morts avec l'affreuse certitude qu'aucune larme ne s'épancherait sur leur tombe ignorée..... Et cela parce qu'il existe dans la société des hommes assez tigres pour égorger leurs frères et dormir peut-être après un meurtre aussi tranquillement qu'après un bon repas, se fiant sur les flots qui étouffent sans pitié les cris d'une bouche mourante..... jusqu'à ce que la *Justice* vienne les saisir de sa main de fer et venger le sang par le sang.

Plusieurs encore se débarrassent eux-mêmes d'une lourde existence. Imprudents nautonniers! ils ne veulent pas lutter contre les courants orageux des passions!... Ils usent leur vie en deux jours, se blasent sur toutes les jouissances, et cherchent ensuite un refuge dans les bras de la mort.. Ou, dégoûtés du monde, trompés dans leurs plus saintes affections, ils regardent notre sphère comme une vaste arène sur laquelle s'entre-déchirent des millions d'insectes, et vont à la recherche d'un meilleur séjour, en passant par la tombe.

Deux amants séparés brisent leur enveloppe mortelle pour aller unir leurs âmes dans les cieux ;

Le poète veut aller chanter aux anges ses vers incompris ;

Et leurs cadavres viennent épouvanter les yeux sur les froides pierres de la Morgue, méconnaissables pour ceux même qui les ont le plus aimés !.... S'ils ne sont pas reconnus quand les heures fixées pour leur exposition sont écoulées, on les enlève pour faire place à d'autres cadavres ; car le meurtre et le suicide laissent rarement la Morgue déserte.

Et, à deux pas, la vie poursuit son cours; la foule s'agite, se tourmente, rit, blasphème, et s'enivre près de cet asile de la mort ! !!

LA MORGUE ET L'EXÉCUTION. 275

Alfred sortit de la Morgue avec le vertige.

. . . .
. . . .
. . . .
. . . .
. . . .

Le nouveau spectacle qui l'attendait n'était guère propre à calmer son esprit. Un peuple immense était rassemblé sur la place de Grève. Il y avait un spectateur sur chaque pavé; il y en avait à toutes les fenêtres, voire même sur les toits. Alfred comprit l'objet de la curiosité générale en voyant, au milieu de la place, un échafaud dressé.

Regarder une pareille atrocité, c'est s'en rendre complice..... Il voulut fuir, mais il était enclavé dans la foule, la retraite devenait impossible.

Bientôt s'avance, entre deux haies de gendarmes, dans l'ignoble charrette des condamnés, cet homme que la société rejette de son sein. A ses côtés est un prêtre, son seul et dernier ami, qui le bénit et l'embrasse au pied de l'échafaud, puis s'éloigne pour ne pas voir couler le sang, lui ministre de la religion qui pardonne, lui qui sait que *le ciel ne veut pas la mort du pécheur, mais qu'il se convertisse et qu'il vive....* Le bourreau, ce hideux exécuteur de la loi, cet être dont on a demandé avec raison s'il était un homme, tant ses fonctions répugnent à la nature, le bourreau s'empare du patient; la hache tombe; c'en est fait.... Et la PEINE DE MORT, noire compagne de la FÉODALITÉ, s'empresse de faire disparaître les instruments du supplice, honteuse de son infamie, prompte à effacer la moindre trace de sa présence!

Deux femmes se rencontrèrent après l'exécution.

— As-tu bien vu, Juliette? dit l'une.

— Ma foi non, répond l'autre; je suis arrivée trop tard...

— Ah! bah! la perte n'est pas grande; il n'a pas seulement *tortillé!*

Dans cette dernière interlocutrice Alfred avait reconnu sa voisine.

— Il n'a pas seulement tortillé! répéta-t-il en s'éloignant avec dégoût, cela veut dire : « Il n'a
« pas laissé voir sur sa figure toute l'angoisse de
« son âme; il n'a pas jeté à la foule d'amères
« paroles de regret; il n'a pas pleuré sur la vie
« qu'il allait perdre!... Oh! que c'eût été bien
« plus beau s'il se fût révolté contre l'exécuteur,
« au lieu de mourir sans résistance, comme une
« pauvre mouche sous les serres de l'araignée!...
« Et lorsque la hache a eu terminé son office,
« pourquoi les valets du bourreau ont-ils été si
« prompts?... On n'a pas vu les palpitations du
« cadavre, il n'a pas seulement tortillé! » Voilà ce que voulait dire cette femme... Et mes lèvres ont touché les siennes, horreur!

Alfred rentra chez lui en maudissant la société, qu'il n'apprenait à connaître qu'aux dépens de ses illusions; mais il n'avait pas dormi la nuit précédente, de là venaient peut-être ses dispositions à la misanthropie. Cependant nous sommes misanthropes, nous qui dormons toujours bien, parce que nous voyons, en ce bas monde, tant d'iniquités de toutes les couleurs, tant d'égoïsme, d'hypocrisie, d'astuce et de déloyauté, qu'en y réfléchissant de plus près, il nous semble que notre haine offre encore trop de modération. La société nous fait l'effet d'une énorme voiture détraquée que d'ignobles rosses de louage traînent dans toutes les ornières, au milieu d'un chemin fangeux et impraticable, et qui finira par tomber dans quelque bon précipice, d'où ni les rosses ni le charretier ne pourront la retirer.

Profonds penseurs qui faites les lois, vous allez sourire de pitié en nous voyant, littérateurs obscurs, aborder les hautes questions sociales. Pourtant il ne nous faudra pas beaucoup d'efforts pour dévoiler, dans la législation, deux abus monstrueux : LE POUVOIR DISCRÉTIONNAIRE CONFIÉ AUX JUGES et la PEINE DE MORT.

Un juge, en sa qualité d'homme, est sujet à l'erreur; il peut donc sévir contre un innocent. Remarquez bien que nous ne parlons ici ni du jugement, ni de la condamnation, quoique nous ayons de nombreux et tristes exemples de l'innocence frappée par les lois. Nous parlons de l'office du juge chargé d'instruire une affaire criminelle.

Or, il faut que ce magistrat trouve des crimes à tout prix. Les crimes constituent son élément; c'est sur les crimes qu'il fonde ses espérances d'avenir et de fortune; il possède mille moyens de vous mettre en contradiction avec vous-même, de faire suer toutes vos paroles pour en extraire un aveu; il peut vous perdre, s'il est votre ennemi, et vous perdre d'autant plus sûrement que son inviolabilité le met à l'abri de votre vengeance... Dieu vous garde du juge d'instruction !

La situation de l'innocent accusé d'un crime est plus cruelle, mille fois, que celle du coupable en proie à toutes les angoisses des remords, que que celle du condamné comptant les heures qui doivent précéder sa dernière heure... Si ce malheureux nous demandait un conseil, nous lui dirions :

« Laissez passer la justice des hommes, et
« baissez la tête quand votre innocence vous
« dit de marcher le front levé. Ne cherchez pas
« à changer sur votre compte l'opinion pu-
« blique, au risque de ne pouvoir jamais effacer
« la trace de la calomnie, car vous êtes sous le
« poids d'une accusation, et la loi vous défend
« de vous indigner contre le juge qui l'accueille.
« On tuera votre avenir, l'avenir d'une épouse,
« celui de vos enfants, qu'importe ?... On com-
« promettra la propriété d'un établissement,
« on détruira vos plus belles espérances, qu'im-

« porte ?... Votre réputation, ce qu'un homme
« a de plus cher et de plus sacré, sera perdue
« sans retour, qu'importe encore ?...

« Laissez passer la justice des hommes !

« Et surtout gardez-vous bien d'élever la voix
« contre les mesures préventives qui seront pri-
« ses contre vous : l'oreille du juge est imbue
« des plaintes de l'accusateur, et saura-t-il dis-
« cerner l'accent d'une conscience pure, accou-
« tumé qu'il est aux dénégations effrontées des
« coupables. Devant son *inviolabilité* viendront
« se briser toutes vos réclamations, tout votre
« désespoir. Subissez donc ses interrogations,
« et veillez à mettre la plus grande netteté dans
« vos réponses, à bien conserver tout votre
« sang-froid, car vous ignorez si vous sortirez
« libre du premier interrogatoire, puisqu'un
« simple coup d'œil peut faire refermer sur vous
« les portes d'une prison. »

Qui ne se représente alors toutes les tortures morales d'un innocent devant cet appareil judiciaire propre à jeter l'effroi dans l'âme la plus pure?... C'est la question, moins les souffrances physiques : c'est-à-dire qu'on n'exposera plus votre corps aux tourments; mais on pourra vous déchirer l'âme, la courber sous le poids des humiliations et du mépris. Autrefois, quand le bourreau avait terminé ses atroces fonctions, un médecin s'approchait pour verser du baume sur les plaies du patient... Aujourd'hui l'on se gardera bien d'en répandre une seule goutte sur les plaies saignantes d'un cœur honnête, parce qu'une parole de bienveillance pourrait donner trop de hardiesse, et qu'il vaut mieux sans doute que vingt innocents soient victimes d'une accusation mensongère que de laisser échapper un coupable.

Un vil calomniateur se cachant dans l'ombre, sans qu'il vous soit possible de le démasquer pour lui cracher au visage, sème-t-il sur vous des bruits scandaleux; lance-t-il en avant, pour vous perdre, un de ces êtres démoralisés dont le front n'a plus de rougeur, lorsque leur bouche profère l'imposture ? Le parquet vous met présomptivement en accusation; un huissier vous intime l'ordre de comparaître, ordre conçu en des termes à faire vibrer d'indignation le dernier de vos nerfs; des agents subalternes de la force publique viennent fouiller votre domicile pour y découvrir les preuves du crime, et la population d'un pays, témoin de ces mesures odieuses, ignorant d'ailleurs que ceux qui tiennent en main le glaive de la loi peuvent s'en servir arbitrairement, puisqu'ils sont inviolables, la population d'un pays vous juge d'avance et ne revient jamais d'un premier jugement.

Innocent ou coupable vous êtes donc flétri !

Et nous soutenons maintenant que ces dispositions de la loi renferment une plaie sociale d'autant plus grave qu'aucun citoyen, en dépit de toutes les apparences possibles de liberté, n'est exempt de ses atteintes. A notre avis cependant, l'inviolabilité d'un homme d'honneur doit être respectée avant l'inviolabilité d'un juge. Si les lois donnaient à l'opprimé un recours contre le magistrat, ce dernier réfléchirait avant de provoquer aucun éclat flétrissant et de faire perdre toute considération à l'un de ses semblables. Donner gain de cause à la calomnie, c'est anéantir toute sécurité individuelle, même pour le magistrat.

Défenseurs de la PEINE DE MORT, essayez maintenant de nous prouver son efficacité, son but moral... Et d'abord, de quel droit venez-vous dire à un être humain : « Tu mourras!... » Montrez-nous donc quel article d'un code tombé du ciel vous autorise à verser le sang des hommes?... Si Dieu ne vous donne pas ce droit, de quel autre le tenez-vous ? »

Et si les crimes de celui que vous condamnez

n'étaient que le résultat de son organisation; si, par une fatalité que la science commence à nous faire entrevoir, des malheureux apportaient à leur naissance d'irrésistibles penchants, punirez-vous le ruisseau qui coule dans sa pente, la feuille chassée par le vent?... Nous n'attaquons pas ici la liberté de l'homme, jamais on ne s'est appuyé sur un phénomène pour nier les lois qui régissent les corps célestes.

Si vous voulez juger de l'efficacité de la peine de mort, interrogez les condamnés; tous vous répondront qu'ils ont vu l'échafaud.

Ce n'a pas été une leçon pour eux, ce n'en sera pas une pour ce peuple qui se rue autour d'une exécution, pour ces femmes surtout qui, à la honte de leur sexe, vont repaître leurs yeux d'un spectacle de sang, grisettes et grandes dames accourant, les unes à pied, les autres en équipage, pour chercher une émotion violente, et qui applaudiraient presque à l'œuvre du bourreau, comme les Romaines applaudissaient jadis au gladiateur qui plongeait son glaive dans le cœur du vaincu.

Nous pouvons, d'après ces faits, que nous défions de nier, tirer la conséquence de l'immoralité de la peine de mort.

On sait empêcher de nuire les animaux féroces, museler un lion, enchaîner un tigre, les mettre sous des barreaux dans le Jardin des Rois. Mais, construire des retraites inexpugnables d'où les criminels ne puissent s'évader, vraiment c'est bien pour cela que l'on vote des millions! Il vaut mieux la PEINE DE MORT!

La peine de mort au milieu d'une civilisation qui la repousse avec énergie! La peine de mort au dix-neuvième siècle!

Hommes sanguinaires, délivrez-nous au moins de la vue des exécutions publiques. Condamnez

à mort, faites-vous au front une tache de sang!
Mais une fois ce jugement rendu, que les portes
de la prison se referment sur le coupable, que
son cachot devienne son tombeau, et ne donnez
plus au peuple la représentation de ce drame
sanglant!

XXXII

Frédéric à Dutac.

Peste soit des amours! en voulant les mener au galop, je les ai effarouchés... Ami, je suis perdu si ton génie fécond ne m'a pas servi selon mes désirs. La petite bégueule s'est pâmée en entendant ma première déclaration; l'aspect d'un orang-outang ne lui eût pas causé plus de frayeur que n'a fait ma présence. Ce qu'il y a de désagréable, c'est que j'en suis amoureux. J'ai coupé mes moustaches, pensant qu'elles avaient contribué peut-être à l'offusquer... C'est un acte de désespoir, car j'y tenais beaucoup; mais ces petites sottes de province n'étant pas encore civilisées, il faut bien descendre à leur portée.

Que faire, maintenant? Voyons, que me conseillerais-tu? de lui parler encore et de couper mes favoris, si une seconde déclaration n'a pas plus de succès?..... Ce serait bien mon plan; mais le père n'entend plus raison et me dit de patienter.

Ma parole d'honneur! j'aurais du chagrin si je n'avais ici des cigares et quelques amis. Nous faisons des parties de pêche, et nous revenons sécher à la flamme du punch nos habits trempés d'eau de mer. Le croirais-tu? je vois approcher avec inquiétude l'instant où je dois te rejoindre. Cependant ma belle-mère me fait enrager : en vérité, c'est une ogresse que cette femme-là! L'autre jour, je ne sais plus à quel propos, si ce n'est que je l'aurai gratifiée de quelque insolence, elle me lança une assiette par la figure. Heureusement je parai le coup avec ma main, mais les éclats manquèrent d'éborgner mon père... Eh bien! malgré toutes les avanies qu'elle me fait essuyer, je partirais avec peine, si je ne voyais s'adoucir la cruelle qui me désespère.

Je te le répète, je suis amoureux ; ce n'est pas une plaisanterie. Dans le cas où j'aurais vainement compté sur toi et sur Aglaé, il faudra que je provoque Alfred en duel... Je veux que l'un de nous cède la place à l'autre.

Frédéric.

XXXIII

Dutac à Frédéric.

Reste encore deux mois en province et je te renie... Oui, je te renie, toi le meilleur de mes amis, le plus ardent de mes prosélytes, parce que tu as oublié déjà toutes les leçons de morale pratique que je t'ai données.

Tu oses convenir sérieusement de ton amour pour ma cousine ? Tu me fais un pareil aveu, à moi qui repousse, par système, ce sentiment ridicule dont l'effet le moins dangereux est d'intervertir les rôles, en plaçant le sexe le plus fort aux genoux du plus faible?... Frédéric, tu me fais de la peine!... Ta lettre est d'une bêtise à mettre sous verre, et tu n'avais pas besoin de te dire amoureux, je l'aurais deviné.

Tu veux provoquer ton rival en duel... Autre idée baroque, absurde, intolérable! Le duel est une partie où l'on expose des enjeux trop forts. Ou tu insinueras une balle dans le crâne de ton adversaire, ou bien ce sera lui qui te cassera la tête : car, si je t'ai bien compris, c'est un duel à mort que tu lui proposeras. Dans le premier cas, tu reculeras ton affaire au lieu de l'avancer. Maria se gardera bien d'épouser un meurtrier, l'homme féroce qui aura tué son amant; et son père, à coup sûr, sera de son avis. Dans le second cas, il faudra te faire la conduite au Père-

Lachaise, ce qui n'est pas du tout amusant.

Tu n'as pas réussi jusqu'alors ? je n'en suis pas surpris : rien n'est sot comme un amoureux. Je gagerais que, dans tes conversations avec la petite, tu as pris à tâche de lui présenter celui qu'elle aime sous les couleurs du ridicule?... Autre sottise : il fallait en faire l'éloge; mais un éloge exagéré, colossal, gigantesque!... Il fallait le répéter chaque jour, le faire redire à tous les échos du logis, l'apprendre à la perruche, susciter adroitement des contradicteurs, pour avoir le droit de défendre ton ami en plein salon..... C'était là l'essentiel. Tu aurais passé pour l'homme le plus généreux, pour un véritable appréciateur du mérite. On t'aurait écouté d'abord avec enchantement, puis avec indifférence, bientôt avec dégoût. La femme est ainsi faite : elle n'aime plus un homme dès qu'elle trouve son éloge insipide; et le meilleur moyen pour l'amener là est de répéter sans cesse les louanges de son amant.

Si tu avais suivi cette marche, il ne te restait plus qu'à t'offrir pour remplacer une affection détruite.

Écoute.... j'ai ton fait sous la main. Les roueries d'Aglaé ont enfanté des prodiges. Je n'entre dans aucun détail; qu'il te suffise de savoir que nos batteries sont prêtes, et suis, de point en point, la règle de conduite que je vais te tracer.

Prends une pose tragique, une attitude byronienne;... adopte le langage sententieux et laconique d'un homme incompris; feins un ennui mortel de l'existence, de ce monde où ton âme ne trouve point de sœur, où l'amour n'est qu'un rêve qui ne se réalise jamais; parle d'une promenade sur mer où tu as joué avec l'abîme, d'une course à cheval au travers des rochers et des précipices..... En un mot, deviens fantastique, aérien, sylphe, quelque chose enfin qui ne soit pas homme. Surtout plus de déclaration, rien qui fasse allusion à tes espérances....

Va, et je me charge du reste.

DUTAC.

XXXIV

Le protecteur.

On ne donnait encore aucun signe de vie dans les somptueux hôtels de la place Vendôme, la lumière n'ayant pas pénétré sans doute sous les rideaux soyeux où reposaient voluptueusement leurs maîtres. Cependant ce jour était le jour d'audience du duc d'Étanges. Une foule de solliciteurs encombraient, depuis le matin, son antichambre, et l'on aurait pu remarquer de légers signes d'impatience sur le visage de plusieurs d'entre eux, lorsqu'ils regardaient la pendule qui marquait onze heures. Leur attention s'était portée d'abord sur le plafond doré, les tentures et les tableaux : cet inventaire fini, il ne leur restait plus qu'à s'ennuyer.

C'était aussi ce qu'ils faisaient le plus gracieusement du monde. Les uns s'étendaient en bâillant sur les canapés ou les fauteuils ; les autres se promenaient de long en large dans l'antichambre, et, bientôt fatigués d'une promenade aussi monotone, s'approchaient du feu et tisonnaient avec les pincettes, au grand mécontentement du domestique chargé de l'entretien du foyer, et qui trouvait, en apportant du bois, les cendres étendues sur le parquet. Du reste, méfiance absolue, conversation banale.

— Le temps est bien mauvais, madame.

— Détestable, monsieur...

— Il est fort ennuyeux d'attendre ainsi....

— Fort ennuyeux.

Puis, à part soi :

— Cette dame a la tournure d'une intrigante.

— Ce monsieur m'a tout l'air d'un ambitieux.

— Ne trouvez-vous pas, madame, que la couleur de ces rideaux tranche bien sur le vert des tentures?

— Parfaitement.

— Ce tableau n'est pas à son jour... Qu'en pensez-vous?

— Je ne m'y connais pas.

— Décidément elle est sotte avec ses monosyllabes.

— Dieux! que la conversation de ce monsieur est insipide!

Les bâillements et la promenade recommençaient, et le domestique, trouvant de nouveau le foyer en désordre, grommelait entre ses dents.

Monsieur le duc est visible!

Figurez-vous l'effet que durent produire ces paroles lancées au milieu d'une réunion de personnes qui mouraient d'ennui. Ah! fut l'exclamation universelle. On eût dit que chacune des poitrines qui se trouvaient là se débarrassait d'un étouffant cauchemar et respirait à l'aise. Un valet en livrée introduisit les solliciteurs, jetant, avec eux, dans la salle d'audience, leurs noms, prénoms et qualités.

Le duc, en robe de chambre, est assis dans un vaste fauteuil, et chauffe ses pieds enveloppés de pantoufles de cachemire. Il place les pétitions dans un coin de son bureau et congédie lestement, car il est attendu à la cour.

On donnerait au duc d'Étanges quatre-vingt-dix ans, quoiqu'il n'en ait que soixante-dix. A peine si l'on aperçoit son œil gris sous les rides accumulées qui l'entourent, et ses deux jambes amaigries et tortues se croisent et se balancent avec dignité. Il paraît encore conserver beaucoup de vigueur, malgré les apparences ; mais sa voix forte et saccadée contraste péniblement avec son ensemble de squelette.

On introduisit Alfred.

Le duc, sans le regarder, lui fit signe de prendre un siége et sonna un domestique.

— Priez madame la duchesse de se tenir prête.

Puis, s'approchant de son bureau, il écrivit une lettre, la cacheta et se retourna vers la cheminée, paraissant avoir oublié la présence d'Alfred. Celui-ci fit un détour et vint se placer en face du vieillard, qu'il salua avec respect.

— Que voulez-vous? demanda brusquement le duc.

Alfred sentit le rouge lui monter au visage. Ne croyant pas que la grandeur pût autoriser à parler ainsi, il fit un mouvement pour sortir; mais la pensée de Maria le retint. Il présenta, en s'inclinant de nouveau, une lettre qu'il tenait à la main. Le duc brisa le cachet et lut :

Monsieur le duc,

« Je recommande à votre bonté le jeune
« homme qui vous remettra ce billet : c'est le fils
« d'un de mes amis que j'ai vu mourir à mes
« côtés aux champs de Waterloo. Dans une ba-
« taille précédente, son père m'avait sauvé la vie,
« et, en le protégeant, vous m'aiderez à acquit-
« ter la dette la plus sacrée de toutes, celle de la
« reconnaissance. Vous êtes l'ami du pouvoir ;

« tout vous est facile. Au lieu que moi, vieux
« ermite enterré au fond d'une province, je ne
« puis rien. »

« Recevez mes félicitations sur votre prochain
« mariage. Je vous engage à faire au printemps
« une visite au solitaire, qui me procurera le
« plaisir de lier connaissance avec madame la
« duchesse.

« Le général Belmont. »

15 août 1829.

— Mon ami, dit le duc avec plus de bienveillance, cette lettre a près de trois mois de
date....

— M. le duc était à sa campagne... Il ne m'a
pas été possible...

— Ma campagne est aux portes de Paris, et
vous avez de bonnes jambes, jeune homme!....
Allons, ajouta-t-il avec un laconisme et des
gestes napoléoniens, en frappant l'épaule d'Al-

fred et se reculant de trois pas en arrière, les bras croisés sur le bas de l'épine dorsale, je vous fais mon secrétaire : six mille francs d'appointements, ma table et votre chambre à l'hôtel.... Cela vous va-t-il ?

— M. le duc, tant de bontés.....

— Point de remerciements, point de phrases... Vous m'êtes adressé par un vieil ami, un homme que j'estime : sa recommandation me suffit pour que je vous croie digne de mes bienfaits. Installez-vous ici demain, dès ce soir si vous voulez... Vous êtes de la maison.

En ce moment la duchesse entra.

— Madame, je vous présente mon nouveau secrétaire. Ce jeune homme m'est recommandé par le général Belmont, mon meilleur ami, qui désire beaucoup faire votre connaissance, comme cette lettre vous l'apprendra.

Le duc passa dans son cabinet de toilette.

Alfred se disposait à sortir, quand un signe gracieux de la duchesse le retint à sa place. Rien ne déconcerte un novice comme un tête-à-tête avec une jolie femme. D'ailleurs, le souvenir de la jeune fille de Saint-Roch, qu'Alfred reconnaissait dans la duchesse en toilette de cour, le brusque changement qui s'opérait dans sa position, tout contribuait à troubler ses idées. A peine s'il lui fut possible de répondre d'abord aux questions qui lui furent adressées. Enfin il se remit peu à peu.....

On lui parlait avec un si doux sourire!

Il raconta ses projets de célébrité, ses rêves de poète; mais il se garda bien de dire le secret sentiment de son cœur..... Rien ne nous oblige à prendre une jeune et belle femme pour confidente de nos amours.

XXXV

Alfred au Général.

« Comment vous exprimer, mon généreux bienfaiteur, tous les sentiments de reconnaissance et d'affection qui remplissent mon âme ? Sans vous que serais-je devenu, pauvre orphelin délaissé ?... Vous avez été ma providence, mon éducation je vous la dois : vous n'avez pas voulu que le fils de votre frère d'armes ne fût qu'un obscur artisan obligé de travailler de ses mains pour nourrir sa mère... Et quand un si grand bienfait vous donnait le droit de m'imposer des lois, vous avez été plein d'indulgence pour mes idées de jeune homme; vous m'avez vu, sans colère, m'écarter des conseils de votre expérience; et, dans l'éloignement, votre protection me suit encore; votre nom suffit pour m'ouvrir le chemin de la fortune, pour me faire accueillir de l'opulence et de la grandeur...

« O mon père!... permettez-moi de vous donner ce nom : je vous demande un nouveau bienfait !

« Il est un être en ce monde dont l'amour est tout mon bonheur, auquel je suis irrévocablement lié par la foi des serments... Un seul obstacle, vous le savez, s'opposait à notre union; mais cet obstacle n'existe plus, puisque je suis secrétaire de votre ami. M. le duc vient de me dire qu'il vous avait écrit : je n'entrerai donc pas dans le détail de tous les avantages que m'offre ma nouvelle position, des espérances qu'elle me fait concevoir pour l'avenir...

« Mais j'embrasse vos genoux... Je vous en conjure par le souvenir de celui dont la mort m'a privé dans mon enfance, demandez en mon nom la main de Maria ! On est sur le point de la sacrifier à un homme indigne d'elle... Hâtez-vous, mon père, hâtez-vous ! c'est une question de vie ou de mort pour elle et pour moi.

« Alfred. »

— Que dites-vous de ce gaillard-là ? dit le général à madame Daniel, quand celle-ci eut achevé la lecture de la lettre : il veut que je me mêle d'un mariage, moi qui ai toujours détesté la diplomatie !... Avec cela je suis tourmenté de la goutte comme un possédé... C'est égal, il faut que cette affaire soit terminée aujourd'hui. Et gare à M. Berthier s'il fait le récalcitrant!... Par la corbleu! je le doterai ce jeune homme, c'est mon fils... Tenez, voyez plutôt, il m'appelle son père.

Une larme d'attendrissement s'échappa de ses yeux.

— Que vous êtes bon, général! dit la mère d'Alfred.

— Parbleu! je suis tout comme un autre, un mélange de bon et de mauvais. Quand la goutte me tient, aujourd'hui par exemple, je ne vaux pas le diable! Je gronde, je m'emporte comme une soupe au lait.... Allons, Pierre, les chevaux sont-ils prêts?

— Oui, M. le général, répondit le cocher qui attendait sur le seuil de la porte.

— Partons. Il n'y a pourtant qu'un pas d'ici chez M. Berthier; mais ce gredin de pied me laisserait en route. Attendez mon retour, madame; j'attaquerai la place si vigoureusement qu'elle ne tardera pas à capituler... Je vous en réponds sur ma tête.

XXXVI

Partie de Chasse.

Le duc d'Etanges avait profité de quelques belles journées, pendant le courant de novembre, pour aller chasser à sa campagne. Alfred l'avait suivi.

Le matin du jour où la chasse devait avoir

lieu, le jeune homme dormait d'un profond sommeil, lorsqu'il fut réveillé par les aboiements des chiens et le son perçant du cor. Au même instant le garde-chasse entra dans sa chambre.

—Comment, monsieur le secrétaire, vous n'êtes pas encore levé? dit-il à Alfred : dépêchez-vous, tout le monde est prêt; M. le duc vous envoie ce fusil et vous trouverez, dans cette carnassière, les munitions dont vous aurez besoin. Si vous préférez monter à cheval, j'ai l'ordre de vous en faire seller un.

— Allez prier M. le duc de recevoir mes excuses, répondit Alfred; avant de manier un fusil, j'aurais besoin de prendre de vos leçons, et je ne veux pas m'exposer à commettre quelque imprudence. Je me contenterai d'être spectateur.

— Comme monsieur voudra, dit en sortant le garde-chasse.

Alfred regarda dans la cour du château et vit

en effet tous les chasseurs prêts à partir. Le duc était au milieu d'eux, s'agitant et donnant ses ordres avec une vivacité de jeune homme. La chasse était sa passion favorite, et, malgré son grand âge, il se livrait encore très souvent à ce violent exercice. Bientôt arriva la duchesse montée sur un cheval bai qu'elle conduisait avec aisance, et revêtue d'un charmant costume d'amazone qui donnait encore plus de finesse à sa taille et de grâce à ses mouvements. Alfred ne pouvait se défendre d'un sentiment de compassion pour elle, produit par le contraste frappant de tant de jeunesse et de beauté avec la vieillesse et la laideur. Il se rappelait péniblement ce mariage dont il avait été témoin, l'évanouissement de la mariée qu'il croyait voir encore emporter mourante, et la malédiction qu'il avait lancée sur ce vieillard auquel il devait à présent l'espoir d'être uni à Maria. Il y avait dans son cœur une lutte entre le mépris et la reconnaissance, et le mépris l'emportait lorsqu'il regardait cette jeune femme dont le malheur n'était que trop certain, car il avait vu, plus d'une fois déjà, une larme furtive glisser sous sa paupière, et n'était pas dupe de cette gaieté menteuse imposée par les bienséances, et qui ressemble à la liqueur sucrée dont on enduit les bords d'une coupe de fiel.

Alfred plaignait la duchesse, et pouvait-il ne pas la plaindre?

Il ignorait tout le danger de s'intéresser à l'infortune d'une femme et ne savait pas combien l'homme est faible devant deux beaux yeux qui semblent solliciter des consolations. Souvent l'image de Laure se présentait, dans son esprit, à côté de celle de Maria; mais il était loin de se défier d'un sentiment puisé dans ce qu'il y a de plus noble et de plus généreux dans notre âme, la compassion pour celui qui souffre, la sensibilité pour le malheur.

Alfred descendit et se promena dans le parc.

La chasse était en pleine activité. On entendait, de toutes parts, les coups de fusil triplés par les échos, les cris des chasseurs et la voix des chiens qui lançaient le gibier dans les profondeurs des taillis. Un valet à cheval courait ventre à terre et rapportait au château les pièces tuées.

— N'allez pas de ce côté, s'écria-t-il, en voyant Alfred se diriger vers l'une des avenues du parc : vous n'êtes pas en ligne et vous pourriez recevoir des plombs. Allez plutôt là-bas ; on court le chevreuil, il n'y a pas de danger.

Il lui montrait, en même temps, au bout d'une clairière, la partie la plus épaisse de la forêt. Le jeune homme suivit ce conseil et prit un sentier détourné, où il marchait en pensant à son amante, à la joie de sa mère, à ses espérances qui allaient enfin se réaliser, lorsqu'il aperçut la duchesse assise au pied d'un arbre. Son cheval, la bride sur le cou, paissait le gazon du sentier.

L'approche d'Alfred fit tressaillir Laure.

— C'est vous, monsieur, lui dit-elle, je vous croyais avec les chasseurs.

— Je suis trop maladroit pour me joindre à eux, madame, dit Alfred avec un embarras qui n'échappa pas à la duchesse.

Elle même était troublée, car cette rencontre ressemblait assez à un tête-à-tête prévu.

— Je vous félicite de ne pas participer au massacre de ces innocents animaux, continua Laure. M. le duc a voulu me faire suivre cette chasse; mais la vue du sang me fait mal; je me suis retirée à l'écart... Vous arrivez à propos pour me tenir compagnie, ajouta-t-elle en hésitant, j'allais retourner au château.

L'invitation de rester était positive. Alfred s'assit sur un tertre à quelque distance de la duchesse. Son cœur battait à rompre sa poitrine, et le sein de la jeune femme était gonflé, palpitant... Tous deux restèrent long-temps sans proférer une parole.

— Etes-vous satisfait de votre nouvelle position ? dit enfin la duchesse.

— Comment ne le serais-je pas, madame ?..... J'étais si loin de m'attendre à ce prompt changement de fortune.

— Ainsi vous êtes heureux !

Ces derniers mots furent prononcés avec un accent qui fit courir un frisson dans tous les membres d'Alfred. Il allait dire : « Et vous n'êtes pas « heureuse, vous, je le sais... J'ai compris tout « votre malheur, pauvre femme ! » Mais il se tut. Un nouveau silence eut lieu pendant lequel leur émotion ne fit que s'accroître.

— Un beau soleil ! dit Alfred.

— Ah ! dit Laure, bientôt nous n'aurons plus de soleil ! Le gazon jaunit, et les feuilles tombent des arbres. Au printemps elles doivent renaître :

mais les illusions tombées ne renaissent plus, ajouta-t-elle en baissant sa voix dans laquelle il y avait des larmes.

— Oui, dit Alfred comme se parlant à lui-même, on est jeune, on fait de beaux rêves de bonheur et l'avenir vous apparaît brillant d'espérance... Vous voyez dans les nuages les anges vous sourire ; vous entendez leur douce voix murmurer à votre oreille le langage des cieux ; et puis une main froide et décharnée, une main de vieillard vient glacer votre main, briser votre rêve!...

— Ah! s'écria Laure, c'est bien cela!

Et cachant sa tête dans ses mains, elle pleura amèrement. Alfred pleurait aussi.

Tout à coup un chevreuil passa dans le sentier, et le galop d'un cheval se fit entendre. Prompte comme l'éclair, la duchesse s'élança sur le sien et disparut en un clin d'œil. Avant qu'Alfred eût pu s'éloigner, le duc était près de lui.

— Vous ne l'avez donc pas tiré, demanda-t-il à son secrétaire, en arrêtant son cheval. Ah! c'est juste, on m'a dit que vous ne chassiez pas... J'en ferai des reproches au général la première fois que je lui écrirai : cela manque à votre éducation.

Et sans avoir remarqué les pleurs qui sillonnaient encore les joues d'Alfred, le duc remit son cheval au galop.

XXXVII

Quelques mois de mariage.

Il est un âge, dans la vie, où nous éprouvons tous un besoin d'amour, c'est au sortir de l'enfance, temps heureux dont les joies ne sont point mêlées de tristesse ni les plaisirs d'amertume. C'est alors que la jeune fille commence à ne plus trouver aussi douce la compagnie de sa mère et cherche la solitude pour s'y livrer en silence à ses pensées. Il ne lui faut plus un ciel bleu, de riants berceaux, des parfums, ni des fleurs, mais de capricieux nuages aux formes multipliées et bizarres, des sites montueux et solitaires, les plaintes du vent dans les bois, la feuille desséchée qui tombe... Et lorsqu'elle est seule, bien seule, car elle craindrait qu'un témoin ne lût sa pensée sur son front, elle se demande pourquoi l'idée d'un homme la fait tressaillir, pourquoi, la nuit, de voluptueuses images voltigent autour d'elle dans ses rêves, avec un sourire qu'elle ne comprend pas? D'où vient que souvent elle se réveille en sursaut, croyant sentir une main téméraire qui vient caresser ses charmes?... Elle se demande tout cela, et, ne pouvant se répondre, elle s'abandonne à ses vagues pensées.

Et la mère s'aperçoit que sa fille devient pâle et rêveuse. Un matin dans le lit conjugal, elle fait cette confidence à son mari : tous deux concluent, avec la plus grande justesse, qu'il faut marier leur enfant. Les menées commencent, car ce n'est pas une petite affaire que de rencontrer un époux convenable sous le double rapport de la naissance et de la fortune. Enfin ce phénomène est trouvé : on annonce à la jeune fille qu'un homme va la conduire à l'autel... Un homme que souvent elle connaît à peine.

Imprudents! C'est vous qui l'avez choisi cet être auquel vous attachez l'avenir de votre fille ; vous lui imposez un mari sans être assurés si l'amour consacrera cette union... Mais vous ignorez donc combien est flétrissante l'approche de celui que l'on n'aime pas ? C'est une éternelle agonie que de voir, devant soi, toujours ce bourreau qui vous torture le cœur comme s'il le broyait à deux mains, de le sentir glisser comme un serpent sur votre chair qui frissonne, et de le subir en sa qualité d'époux, quand on voudrait l'anéantir, le sacrilége, pour violer ainsi le domaine de l'amour.

Oh! c'est le supplice de ces malheureux condamnés qu'un tyran de Rome liait à des cadavres!

Pauvre jeune fille! le premier baiser d'un amant eût ranimé l'éclat de ses joues; son cœur lui aurait indiqué celui qu'elle avait vu dans ses rêves, et vous lui en imposez un autre qu'elle abhorre, un homme dont l'âme est flétrie, les sens blasés, un vieillard peut-être?

Malheur! car il n'y a point de sympathie entre une jeune fille et un vieillard, entre la tourterelle et le hibou, entre le ciel brûlant des tropiques et les régions glacées du Nord!... Vous n'avez plus laissé à votre fille que le choix de l'adultère ou de la tombe, et la vie est si belle avec celui qu'on aime!... La tombe est si noire; il est si dur de mourir quand on peut espérer de beaux jours!

Si trahir un époux est un crime, malheur!

car elle le trahira. Elle ouvrira les bras à celui qui lui fera connaître l'amour; les sentiments de la nature, que vous avez comprimés en elle, crieront plus haut que la voix du devoir!...

. . . .
. . . .
. . . .
. . . .

Laure de Bessière était d'une beauté ravissante. Lèvres rosées de femme ne pouvaient former plus doux sourire; plus soyeuses paupières n'avaient jamais laissé passer plus angélique regard; jamais blonds cheveux ne s'étaient séparés plus gracieusement sur un front d'albâtre. Cependant elle n'avait plus cette fraîcheur qui naguère brillait avec la gaieté sur ses traits de jeune fille; mais on ne saurait dire si sa pâleur et sa mélancolie offraient des charmes moins séduisants.

Nous l'avons vue, victime résignée de l'obéissance, consommer son martyre au pied des autels. Dès ce moment elle avait changé de rôle; elle se sentait femme, maîtresse de ses volontés et pouvant les imposer comme des lois. Le matin elle tremblait et s'évanouissait devant un prêtre ; le soir elle se redressa comme une lionne sur le bord du lit nuptial pour en défendre l'approche à son époux septuagénaire.

— Retirez-vous! s'était-elle écriée avec toute l'énergie du désespoir : retirez-vous, je ne vous aime pas !

Et toutes les fois que le duc voulait parler de ses droits, les bras de la jeune femme se raidissaient comme une infranchissable barrière; elle répétait : « Retirez-vous, je ne vous aime pas ! »

Tous les soirs, depuis son mariage, elle s'enfermait seule dans sa chambre à coucher. Là, dans les transports de cette fièvre d'amour qui la brûlait, elle se tordait avec délire sur sa couche solitaire, appelant à grands cris un être qui lui rendît amour pour amour, volupté pour volupté, un cœur aimant qui pût comprendre tout ce qu'elle pourrait lui donner de bonheur.

— Il viendra, s'écriait-elle, car mes beaux jours ne peuvent pas ainsi s'écouler dans les larmes... Il viendra, et je lui sacrifierai tout, mon nom, ma réputation, ma fortune! Je m'enfuirai avec lui, s'il le faut, à l'autre extrémité de la terre, loin de la société qui me blâmera sans doute, parce que j'aurai brisé mes fers et violé ce qu'elle appelle des serments... Eh! que m'importe, à moi? pourvu que je sois penchée sur le sein de celui que j'aurai choisi?... Nous aurons de la verdure et des fleurs, un ermitage sur la pente d'un côteau, de frais ombrages et des zéphirs... Oh! que nous serons heureux!

Laure s'abandonnait avec délice à ces romanesques pensées. Le sommeil dorait ses songes de riantes couleurs; mais quand venait le jour, elle reprenait sa tristesse en même temps que la réalité, face à face de cet homme qui la traînait partout après lui, comme une esclave à son char. Elle frémissait à son approche, essuyait ses lèvres après un baiser, comme s'il y eût déposé de la bave de reptile.

Le duc avait d'abord trouvé bien étrange ce qu'il appelait les caprices de sa femme; mais, voyant ses propres efforts infructueux, voyant que madame de Bessière n'avait elle-même aucune influence sur la résolution de sa fille, il s'était résigné peu à peu à n'avoir que le titre d'époux, se contentant de la secrète satisfaction qu'il éprouvait à faire briller la duchesse à la cour et dans les salons. Précisément ces fêtes, ces réunions brillantes, tout cet apparat de la grandeur était ce qui faisait le plus souffrir Laure, car, dans les soirées et les bals, il y avait toujours quelques regards qui s'échangeaient entre une jeune fille et son fiancé; elle les voyait se perdre ensemble dans des tourbillons flottants de lumière et de soie. Ces images d'un bonheur qui n'était plus fait pour elle la rendaient réellement malheureuse. Sa fierté l'engageait à ne rien laisser paraître de sa tristesse, même dans l'intérieur de son ménage. Néanmoins elle n'était pas toujours maîtresse de dissimuler un sentiment d'indignation quand le duc la présentait à ses connaissances, avec ce sourire rabelaisien que l'on pouvait traduire ainsi : « Cette femme est à moi ! »

La bouche de Laure était tentée de s'ouvrir pour lui dire avec rage : « Vous en avez menti ! » Et plus d'une fois on avait vu frissonner la jeune femme lorsque sa main se trouvait dans celle de son époux.

Cet homme cependant elle l'eût aimé s'il eût été son père, au lieu qu'elle le haïssait comme l'esclave hait sa chaîne, comme le lion hait les barreaux de sa cage. Cette haine renfermait un désir de vengeance contre son mari, contre la société tout entière, dont Laure, dans sa jeune imagination, maudissait les idées et les lois. Elle ne voulait pas répondre à l'une de ces affections vulgaires qui se contentent d'une intrigue obscure, et sont toujours dans la crainte qu'une main indiscrète ne vienne soulever le voile mystérieux sous lequel elles s'abritent.

Laure demandait un amant qui lui sacrifiât ses plus belles espérances comme elle lui sacrifierait tout elle-même ; un amant qu'elle avouât hautement, en dépit des convenances et des lois, et qui voulût consentir à exposer son nom, accolé au sien, au pilori de l'opinion publique.

Quelques mois d'un mariage odieux avaient fait d'une timide jeune fille la femme que nous venons de dépeindre.

La duchesse manquait des conseils de l'expérience, et ce n'était pas à sa mère qu'elle pouvait raconter toutes ses douleurs. Cette confidence eût été le plus amer des reproches. Il lui fallait une amie pour la préserver des faux pas que l'exaltation de ses idées rendait inévitables.

Mais son état moral ne lui laissait pas assez de jugement pour sentir ce besoin. La Providence seule pouvait venir à son secours.

XXXVIII

La marquise.

— Quoi ! c'est vous, ma bonne tante ? s'écria Laure en courant embrasser une dame âgée qui était entrée dans son appartement sans se faire annoncer. C'est bien vous, je ne rêve pas !... Et ce voyage d'Italie qui devait durer dix-huit mois ? vous n'étiez donc pas partie ?

— Je suis de retour, Laure. Ayant appris ton mariage, j'ai voulu voir, de mes propres yeux, si tu étais heureuse, mon enfant.

— Heureuse, madame la marquise?... Mais ne parlons pas aujourd'hui de choses affligeantes; laissez-moi tout entière à la joie de vous revoir, ma toute bonne! Que vous êtes aimable d'être revenue en France, près de votre petite Laure, que vous avez toujours gâtée, car vous êtes ma seconde mère... Que dis-je? ma meilleure, ma seule mère!

— J'en étais sûre, dit la marquise, en attirant Laure près d'elle : ils l'ont rendue malheureuse. Et moi qui suis partie sans rien savoir de tout cela. Maudit voyage! vieille folle que je suis, de vouloir courir le monde à mon âge!... Et ton mari, tu ne l'aimes pas?

— Mon mari, s'écria Laure avec un accent qui bouleversa la marquise. Ne prononcez plus ce nom, ma tante. Pour qu'un homme puisse se dire le mari d'une femme, il faut qu'il l'ait possédée : or le duc ne m'approchera jamais, jamais ! Avant qu'il fût dans mes bras, un poignard s'enfoncerait dans mon cœur. Tenez, je vais tout vous dire : cet homme, je le méprise, parce qu'il aurait dû sentir, lors du premier entretien que j'eus avec lui, ma répugnance à l'épouser. Il a continué ses poursuites : jeune fille sans défense, il m'a fallu obéir à ma mère... c'est un lâche !

Oh ! continua-t-elle, j'ai bien souffert, j'ai bien pleuré !... mais aujourd'hui je ne pleure plus, car les pleurs enlaidissent, et je veux être belle. Je ne suis plus cette enfant timide que vous connaissiez il y a peu de mois ; je suis une femme outragée, et ma vengeance est prête !

— Tais-toi, Laure, tu m'épouvantes, malheureuse enfant !... Ignores-tu donc que la vengeance d'une femme retombe sur sa tête et l'écrase ? Tu veux te venger ? mais le roseau se venge-t-il de l'orage dont la furie l'a brisé ; la colombe se venge-t-elle du vautour, la gazelle du tigre qui la tient sous sa griffe ? Te venger, pauvre femme !... hélas ! tu n'as donc jamais songé au mépris qui s'appesantira sur toi lorsque tu auras manqué à tes devoirs ? Le monde est sans pitié, tout corrompu qu'il nous paraisse, envers celles qui ne cachent pas dans l'ombre une intrigue coupable... Les lois sont comme le monde et donneront à ton mari le droit de te traîner devant les tribunaux, pour te faire rendre compte du déshonneur dont tu auras taché son nom. Crois à mes conseils, ne cherche pas, à présent, des consolations dans l'amour : ce serait jouer le reste de ta vie contre un instant de bonheur. Tu es jeune, Laure, et le duc est vieux... Je n'en dis pas plus, car il est cruel de penser qu'il te faille la mort d'un homme pour être heureuse. Et, dis-moi, lorsque la tombe se serait refermée sur ton vieil époux, ne regretterais-tu pas, malgré ses torts, d'avoir abreuvé d'amertume le peu de jours qu'il lui restait à vivre ? Voudrais-tu que son dernier regard fût un regard de colère, sa dernière parole une parole de malédiction?... mon enfant, ce serait un remords qui ne sortirait plus de ton cœur.

— O ma tante, s'écria Laure, pourquoi n'êtes-vous pas venue plus tôt?

— Mais j'arrive à temps encore pour t'offrir mes consolations, pour te préserver d'une faute.

— Il est trop tard !

La marquise regarda Laure avec douleur. Celle-ci se mit à genoux devant elle, et ses beaux yeux pleins de larmes avaient l'air de solliciter un pardon.....

— Trop tard ! répéta-t-elle... j'en aime un autre que mon mari.

La marquise tremblait de l'interroger.

— Je l'ai vu, dit Laure avec exaltation, celui que le ciel m'avait destiné! Je l'ai reconnu tel qu'il m'apparaissait dans mes songes; j'ai lu sur sa noble figure, et sa belle âme, et sa vertu, car, entre deux êtres prédestinés à s'aimer, il y a une révélation subite d'une âme à une autre... Oh! rassurez-moi, madame la marquise, vos paroles de tout à l'heure vibrent encore à mon oreille comme une sinistre prophétie... Dites-moi que je puis l'aimer, ce jeune homme, sans que mon amour soit un crime! Ne m'effrayez plus par l'idée de l'infamie qui retombe sur la femme infidèle : j'envelopperai mon amour de mystère, vous seule connaîtrez mon secret... Mais, de grâce, quelques heures de félicité dans ma triste vie! que j'entende sa voix, que j'aperçoive son sourire, et j'oublierai toute ma douleur... Oh! n'est-ce pas, ma bonne tante, n'est-ce pas, je puis l'aimer?

Les deux femmes pleuraient enlacées dans les bras l'une de l'autre.

La marquise pressait Laure sur son cœur et n'avait plus la force de continuer ses remontrances. Elle craignait, avec raison, de rendre à cette jeune tête, par une contradiction déplacée, toutes ses idées de vengeance.

Si, pensait-elle, une intrigue est inévitable, j'en préviendrai le péril en prodiguant à Laure les conseils de mon amitié. En vain lui adresserais-je des reproches : son père, né en Italie, lui a transmis le caractère et les passions ardentes des femmes de ce climat... ce serait vouloir éteindre un volcan.

XXXIX

Désappointement.

— *Quinte*, *quatorze* et le *point* font quatre-vingt-quatorze!... Trois *as*, quatre-vingt-dix-sept et trois *dix*, cent!... Vous en êtes pour une une demi-tasse, maître Evrard, voulez-vous votre revanche?

— M. Berthier, causons plûtôt de nos affaires.

— Comme vous voudrez... Garçon! deux demi-tasses!

— Ah! ça, dit le fournisseur, nous n'allons donc pas fiancer nos jeunes gens, avant le départ de Frédéric?

— Impossible, je vous l'ai déjà dit. Et puis, voyez-vous, maître Evrard, je doute fort que ces enfants se conviennent. Vous sentez que nos projets s'en iraient en fumée dès que ma fille montrerait une répugnance invincible pour ce mariage...

— Sornettes, papa Berthier!..... Sornettes, vous dis-je. Vous m'avez répété cent fois que les enfants ne devaient avoir d'autre volonté que celle des parents dans la circonstance dont il s'agit..... Parlez au moins avec plus de franchise.....

— Comment cela? fit l'ex-armateur, tant soit peu décontenancé.

— Il est bien plus simple de convenir que vous avez changé d'avis... Je sais tout.

— Ah! si vous savez tout, c'est autre chose!

— Vous allez donner votre fille à un jeune écervelé, véritable tête d'alouette qui ne fera jamais rien de bon...

— C'est possible.

— Et cela parce qu'il est secrétaire de je ne sais quel duc. Prenez-y garde!... Ses protections peuvent lui manquer...

— Il en aura d'autres.

— Tout cela ne vaut pas une bonne clientelle, réfléchissez!

— Mes réflexions sont toutes faites. J'en suis fâché, mon ancien, très fâché, je vous assure...

Mais que voulez-vous? ma fille aime l'autre. Le général Belmont est venu lui-même me proposer ce mariage. Tudieu! n'allez pas croire que cela seul m'ait fait changer d'avis... Sans la préférence marquée de ma fille, j'aurais tenu parole. Nous n'en serons pas moins bons amis, j'espère? Allons, bonsoir... A demain votre revanche...

Rentré chez lui, M. Berthier se jeta dans une bergère en se frottant les mains d'un air extrêmement satisfait.

— Eh! bien se dit-il à lui-même, l'explication n'a pas été aussi orageuse que je l'aurais cru. Ce pauvre Evrard!... Il ne m'a pourtant adressé aucun reproche. Il est vrai que j'ai coupé court à la conversation en lui tirant mon salut..... Au fait il ne manquera pas d'excellents partis pour son fils.

— Thérèse! dit-il à la grosse servante, qui, accroupie devant le foyer, soufflait le feu avec une constance imperturbable : Où est Maria ?

— Dans sa chambre, cette pauvre enfant!...
Elle est bien triste, allez, monsieur...

— Fais-la descendre, j'ai à lui parler.

— Oui, monsieur, mais...

— Mais quoi?... Voyons, que veux-tu dire, nigaude?

— Beaucoup d'honneur que vous me faites, monsieur! Je n'ai pas d'esprit, je le sais bien; mais, avec mon gros bon sens, je vous dis que, si vous lui parlez du fameux mariage, vous allez la mettre dans un état désespéré.

— Veux-tu me faire grâce de tes observations, bavarde? Ne sais-je pas ce que j'ai à faire?

— Mon Dieu, il ne faut pas vous fâcher... Ce que j'en dis c'est pour décharger ma conscience, car ma pauvre maîtresse en mourra, c'est sûr!

— Ta, ta, ta!... Fais descendre ma fille, te dis-je!

Bientôt Maria parut près de la porte entr'ouverte.

— Eh quoi! toujours ces yeux rouges, cette pâleur, lui dit M. Berthier en la baisant au front avec tendresse. Viens, ma fille, là sur mes genoux... Tu ne m'aimes donc plus comme autrefois?

— Mon affection filiale a-t-elle pu mériter ce reproche, mon père?

— Non, Maria, tu es une bonne fille, je sais que tu m'aimes, aussi je veux ton bonheur, écoute... Il y a quelque temps, un jeune homme, que je connaissais à peine, vint ici me demander ta main. Je t'avoue que ce jeune homme me parut un franc étourdi, car il n'était pas dans les convenances qu'il fît lui-même une pareille démarche...

— Mais, interrompit la jeune fille, il ignorait peut-être...

— Ne l'excuse pas. D'ailleurs ses idées étaient celles d'un héros de roman. A quoi cela mène-t-il de faire des vers?... Les trois quarts des poètes meurent à l'hôpital. Je t'ai dit alors : « Maria, ne songe plus à Alfred : son imagination folle, ses idées bizarres ne me permettent pas de lui confier ton avenir, et j'avais raison... Oh! je sais que tu n'en conviendras pas!... Mais si ce jeune homme avait changé ses idées et son caractère; s'il avait maintenant une position sociale... Pour tout dire en un mot, si je te permettais de l'aimer?...

Maria se crut le jouet d'un rêve. Elle porta la main à son front et regarda son père avec des yeux inquiets, comme si elle eût douté de la réalité de ce qu'elle avait entendu. La transition subite de la douleur à la joie, de l'abattement à l'espérance, produit toujours une impression pénible. L'âme comprimée par le chagrin se dilate avec une force trop grande pour sa frêle enveloppe... On la sent errer sur ses lèvres, prête à s'envoler.

Eh bien! dit M. Berthier, en regardant sa fille avec inquiétude, ne vas-tu pas te trouver mal, à présent que je veux te faire heureuse?... Pleure, c'est bien, mon enfant, j'aime mieux cela.

— Ce sont des larmes de bonheur, mon père, mon bon père!

— Tu l'aimes donc bien cet Alfred?

— Oh! si je l'aime!... Elle caressa son père avec la naïveté d'un enfant. Voulez-vous me permettre, à présent, de rendre une visite à madame Daniel?

— J'allais t'engager à y aller ce soir...

— J'y cours! s'écria Maria, et deux minutes après elle se précipitait dans les bras de madame Daniel en l'appelant sa mère.

Heureusement que la nuit ne permet plus, au mois de novembre, de distinguer les objets à sept heures du soir, car les commères du voisinage auraient fait une quantité de conjectures en voyant entrer Maria chez madame Daniel. On n'aurait pas manqué de dire : « Mademoiselle Berthier est une petite écervelée, qui profite de l'absence de son père pour aller chercher des nouvelles de son amant. Madame Daniel n'est elle-même qu'une intrigante; mais elle a beau faire, ce mariage n'aura pas lieu. M. Berthier a trop de bon sens pour s'allier à des gens de *rien*. On devrait l'avertir de tout ce manége. »

Rien n'est méchant comme ces mégères provinciales dont l'œil faux et sournois louche toutes vos actions afin d'y découvrir la plus légère circonstance qu'elles puissent traduire en crime. Malheur à vous, si vous avez oublié de les saluer dans la rue ; si vous n'avez pas fait danser leur fille au bal; si, lorsqu'elles quêtaient à l'église, vous avez incongrument oublié votre bourse !... A la prochaine réunion, vous serez attaché au pilori, écharpé, lacéré, de sorte que, au sortir de là, vous serez tout au plus bon à noyer comme un chien.

Malheur à la pauvre jeune fille qui, dans une réunion de province, a laissé lire sur son visage le secret de son cœur !... On arrachera, une à une, les fleurs de sa couronne de vierge, on tachera de boue sa robe blanche, et trop heureuse encore si on ne la force pas à entendre les sarcasmes et les plaisanteries dirigées contre celui qu'elle aime! Elle comptera pour ennemies toutes celles qui ont un fils à marier, moins une, et ce genre de femmes soufflerait des charbons ardents sur votre poitrine et vous enfoncerait une aiguille dans le cœur avec le flegme du bourreau.

Quand madame Daniel et Léonie eurent répondu aux questions empressées de Maria, elles se livrèrent toutes trois au bonheur de reprendre leurs anciennes relations d'amitié. Il fut convenu qu'on se réunirait, le soir, comme autrefois. Puis les deux jeunes filles, après s'être parlé un instant, à l'écart, vinrent se jeter au cou de madame Daniel.

— Maman, dit Léonie, me pardonneras-tu si je t'avoue sincèrement une faute?

— Qu'y a-t-il donc, ma fille?... Est-ce que tu aurais eu quelque chose de caché pour ta mère?

— Hélas, oui, répondit Léonie : Alfred écrivait à Maria... Il avait exigé de moi le plus grand secret avec la promesse de remettre ses lettres... Je n'ai jamais osé vous le dire.

— Vous avez eu grand tort, mes enfants; je n'aurais pas permis cette correspondance, car entretenir un amour sans espoir, c'est se préparer d'éternels regrets. Ma vieille expérience eût agi, en cela, plus prudemment que vos jeunes têtes; et puis, Maria, c'était désobéir à votre père...

— Oh! pardonnez-nous, ma bonne amie!... Ses lettres m'ont fait tant de bien! J'avais le pressentiment du bonheur qui nous arrive aujourd'hui...

— Chère enfant!... il faut donc vous pardonner?

— Et à moi aussi, n'est-ce pas, ma mère?

— Embrassez-moi toutes deux!...

. . . .
. . . .
. . . .
. . . .

Revenons à l'ancien notaire que nous avons laissé tellement pétrifié du renversement de ses espérances qu'il n'avait pas eu la force d'ajouter un mot de plus lors du départ subit de M. Berthier. Son café s'était totalement refroidi, sans qu'il se fût seulement aperçu de la présence de sa quotidienne demi-tasse... Preuve incontestable du bouleversement de ses idées!

— Viens-tu, Frédéric, cria-t-il à son fils qui jouait au billard dans la salle voisine.

— Un instant, mon père : je bloque cette bille et je suis à vous... Enfoncé!... Voilà jouer à la parisienne!

L'étudiant but un verre de punch et sortit avec son père.

— Frédéric, ton mariage est dans l'eau...

— Bah! mes amours prennent un bain ?... La saison est un peu froide...

— Ma foi, c'est l'autre qui aura la dot. Dix mille livres de rentes! le beau coup manqué! Ce qui me contrarie de plus, c'est d'annoncer cette nouvelle à madame Evrard : nous allons être impitoyablement bousculés.

— Mais vous ne me dites pas la raison de cette rupture?

La raison, la raison... C'est une mauvaise place de secrétaire chez un duc et pair.

Le diable m'emporte, si je comprends!

— C'est facile de t'expliquer la chose. M. Berthier n'ignorait pas l'amour de sa fille pour Alfred; mais il avait refusé nettement de consentir à ce mariage, attendu que le jeune homme était sans fortune et sans place... Aujourd'hui, il a une place et de fort belles espérances de fortune, comprends-tu?

— A merveille! Mais puisque le vent souffle de ce côté, nous ne sommes pas battus. J'avance mon départ de huit jours... Allons, de ce pas, retenir ma place.

FIN DU TOME PREMIER.

TABLE DES MATIÈRES

du tome premier.

Introduction.	pages	1
I	Cherbourg.	9
II	La veille du départ.	23
III	Un premier amour.	29
IV	Mère chrétienne.	39
V	Paris.	43
VI	Souvenirs.	53
VII	Nous donnons un conseil.	59
VIII	Alfred à sa sœur.	63

IX	Les Étudiants.	pages 69
X	Lequel préférez-vous ?	79
XI	Rupture.	85
XII	Léonie à son frère.	99
XIII	Orgie.	105
XIV	Qui doit être lu.	121
XV	Le mariage à Saint-Roch.	125
XVI	Digression.	141
XVII	La chambre d'une jeune fille.	157
XVIII	Mieux vaut tard que jamais.	169
XIX	Idées innées.	189
XX	Alfred à Maria.	195
XXI	Maria à Alfred.	201
XXII	Alfred à Maria.	205
XXIII	La visite.	214
XXIV	Ce n'était qu'un songe.	223
XXV	Frédéric à Dutac.	231
XXVI	Le même au même.	237
XXVII	Le fiancé.	241
XXVIII	Maria à Alfred.	251
XXIX	La même au même.	255
XXX	Une grisette pour voisine.	259
XXXI	La Morgue et l'exécution.	271
XXXII	Frédéric à Dutac.	289

XXXIII	Dutac à Frédéric.	pages	293
XXXIV	Le protecteur.		299
XXXV	Alfred au général.		310
XXXVI	Partie de chasse.		315
XXXVII	Quelques mois de mariage.		325
XXXVIII	La marquise.		337
XXXIX	Désappointement.		345

FIN DE LA TABLE DU TOME PREMIER.

LIBRAIRIE DE BAUDRY.

En vente :

LE PANORAMA

HISTORIQUE,

TABLEAUX, SCÈNES, CHRONIQUES, ÉTUDES DE MOEURS, DEPUIS LES PREMIERS AGES DE LA TERRE JUSQU'A NOS JOURS.

Temps antédiluviens. — Temps historiques.

PAR SCIPION MARIN,

2 vol. in-8. — Prix : 9 francs.

HISTOIRE

DE LA VIE ET DES OUVRAGES

DE M. DE CHATEAUBRIAND,

Par Scipion Marin. — 2 vol. in-8°. — 10 fr.

www.ingramcontent.com/pod-product-compliance
Lightning Source LLC
Chambersburg PA
CBHW050535170426
43201CB00011B/1434